中級

日本幼児体育学会認定
幼児体育指導員養成テキスト

幼児体育 第2版

理論と実践

日本幼児体育学会 編

編集代表　前橋　　明
　　　　　田中　　光
　　　　　原田　健次
　　　　　本保　恭子
　　　　　生形　直也
　　　　　浅川　和美
　　　　　奥富　庸一
　　　　　伊藤　華野
　　　　　田中　芳美
　　　　　片岡　正幸
　　　　　佐野　裕子
　　　　　森　　博史　著

大学教育出版

はじめに

　今日の日本は、生活環境の著しい変化にともなって、運動に費やす時間と場が減少し、しかも、不規則な食事時間と偏りのある食事内容も加わって、生活習慣病や肥満、運動不足病になる子どもたちが増加しました。そして、社会生活が夜型化し、働く母親が増加、勤務時間が延長されることも一因となり、幼児の生活のリズムにくるいが生じてきました。中でも、就寝時刻が遅く、生活リズムの乱れた幼児に対して、その生活環境を十分に考慮した上での対応が求められています。

　ところが、今日、保育者や指導者となる若者たちにおいても、その生活自体が夜型化していることもあり、そのような状態が「あたりまえ」と感じられるようにもなってきているため、幼児の健康に関する理論の研鑽が大いに求められると言えるでしょう。

　また、運動実践や実技の面においても、指導者側の問題として、指導者自身の遊び込み体験の少なさから、「あそびのレパートリーを子どもに紹介できない」「あそび方の工夫やバリエーションづくりのヒントが投げかけられない」という現状があり、保育・教育現場において、幼児の健康にとっての運動の重要性やあそびのレパートリー、運動と栄養・休養との関連性を子どもたちに伝えていくことすらできないのではないかと懸念しています。だからこそ、幼児体育指導員養成講座の開講に寄せられる期待は大きいといえます。

　そこで、日本幼児体育学会においても、今日の日本の幼児のかかえる様々な健康問題や指導者養成におけるニーズを考慮した上で、幼児の心身の健康づくりや人間形成として実施される幼児期の体育教育（幼児体育）のあり方や基本理念、体育の指導計画と指導方法や内容の基本を広く普及していこうと決意しました。

　そして、2006年から、学会公認の初級（Basic）指導員の養成を開始し、本テキストの中級（Standard）指導員養成は、2008年より開始することとなりました。この資格には、日本中だけでなく、アジアの多くの幼児体育・教育関係者の大きな期待と夢が寄せられているため、とくに、本テキストの執筆に労をとっていただいた先生方には、この場をお借りして、心より御礼を申し上げます。

本書を参考にされ、一人でも運動理解のある人が増え、その中から、多くの優秀な指導者がはばたいていき、子どもたちの健全育成に汗をかいて下さることを切に願っています。

2018年1月

日本幼児体育学会
　　会長　前　橋　　明
（早稲田大学　教授／医学博士）

幼児体育 ——理論と実践—— ［中級］第2版
目　次

はじめに ………………………………………………… 会　長　前橋　　明　i

序　論　幼児期に、なぜ運動が大切なのか ……………………………… 前橋　　明　1
　　　　1　子どもの抱える問題とその原因 ……………………………………………… 2
　　　　2　深刻な休養面の乱れの問題 …………………………………………………… 2
　　　　3　大人への警告 …………………………………………………………………… 3
　　　　4　午前のあそびに加えて、「午後あそび」のススメ ………………………… 4
　　　　5　親子ふれあい体操のススメ …………………………………………………… 5
　　　　6　研究からの知見と提案 ………………………………………………………… 7
　　　　7　幼児体育指導に携わる者に期待すること …………………………………… 7

理論編

第1章　幼児にとっての運動の役割と効果 ………………………… 前橋　　明　11
　　　　1　身体的発育の促進 …………………………………………………………… 13
　　　　2　運動機能の発達と促進 ……………………………………………………… 14
　　　　3　健康の増進 …………………………………………………………………… 14
　　　　4　情緒の発達 …………………………………………………………………… 15
　　　　5　知的発達の促進 ……………………………………………………………… 16
　　　　6　社会性の育成 ………………………………………………………………… 17
　　　　7　治療的効果 …………………………………………………………………… 17
　　　　8　安全能力の向上 ……………………………………………………………… 17
　　　　9　日常生活への貢献と生活習慣づくり ……………………………………… 18

第2章　幼児期の体力・運動能力、運動スキルの発達 ……………… 前橋　　明　19
　　　　1　運動能力 ……………………………………………………………………… 20
　　　　2　体力 …………………………………………………………………………… 21
　　　　　　(1) 行動を起こす力　22
　　　　　　(2) 持続する力　23
　　　　　　(3) 正確に行う力（調整力）　23
　　　　　　(4) 円滑に行う力　23
　　　　3　運動スキルと運動時に育つ能力 …………………………………………… 24
　　　　　　(1) 運動スキル　24
　　　　　　(2) 運動時に育つ能力　24

目 次

第3章　運動のつまずきと子どもへの対応 …………………… 前橋　明・田中　光　27
1　振り返ってみた幼児期の運動場面にみられるつまずき ………………………28
2　運動のつまずきとその対策 ………………………………………………………32
3　運動のつまずきと運動の苦手な子どもへの指導 ………………………………34
　(1)　跳び箱の開脚跳びのつまずきの対策　34
　(2)　逆上がりのつまずきの対策　36

第4章　運動会の歴史と企画・運営 …………………………… 前橋　明・原田　健次　41
1　運動会の歴史 ………………………………………………………………………42
2　運動会の企画と運営 ………………………………………………………………47
　(1)　本番までの取り組み　47
　(2)　本番でのアイデア　48

第5章　発達障がい児の体育 ……………………………………………… 本保　恭子　51
1　身体意識を養う ―感覚あそびから、からだ全体の運動へ― …………………52
　(1)　触・圧刺激を用いたあそびを多くさせる　53
　(2)　回転、加速度、揺れ、上下の動きを感じたり感覚を刺激するようなあそびを多くさせる　54
　(3)　遊具に合わせたいろいろなからだの動かし方を体験させる　54
　(4)　身体知覚を高めるあそびやゲームを取り入れる　55
2　平衡感覚 ……………………………………………………………………………55
3　多　動 ………………………………………………………………………………57

第6章　体力・運動能力測定の実際 ……………………………………… 生形　直也　61
1　体力・運動能力の構成要素 ………………………………………………………62
2　測定項目 ……………………………………………………………………………62
　(1)　両手握力　62
　(2)　跳び越しくぐり　63
　(3)　25m走　64
　(4)　立ち幅とび　66
　(5)　ボール投げ　67
　(6)　歩　数　68
3　実施上の一般的注意 ………………………………………………………………69

第7章　意識障害を伴う症状と応急手当 ―幼児の身体症状の観察― ……… 浅川　和美　73
1　運動と安全管理 ……………………………………………………………………74
　(1)　幼児の運動時の体調の観察　74
　(2)　転倒時の観察　74

　　　　(3) 体温・呼吸・脈拍の観察　74
　2　意識障害を伴う症状と応急手当……………………………………………75
　　　　(1) けいれん（痙攣）・ひきつけ　75
　　　　(2) 熱中症　76

第8章　指導者の役割と指導者としてのコミュニケーションスキル　……　奥富　庸一　79
　1　幼児体育指導者の役割 ……………………………………………………80
　2　幼児体育指導者のコミュニケーションスキル …………………………81
　　　　(1) 言語的コミュニケーション　81
　　　　(2) 非言語的コミュニケーション　85
　3　子どものサポーターとしての幼児体育指導者 …………………………87

第9章　運動あそび・運動会種目の創作 ………………………………　前橋　明　89
　1　運動あそびの創作 …………………………………………………………90
　　　　(1) 運動あそびの創作様式　90
　　　　(2) 運動あそび記述例　91
　2　運動会種目の創作 …………………………………………………………95
　　　　(1) 運動会種目の創作様式　95
　　　　(2) 運動会種目記述例　96

実践編

第1章　ヨーガ ………………………………………………………………　伊藤　華野　101
　1　幼児体育とヨーガ ……………………………………………………… 102
　　　　(1) ヨーガとは　102
　　　　(2) スポーツとヨーガ　103
　　　　(3) 幼児体育とヨーガ　104
　2　幼児のヨーガとは ……………………………………………………… 105
　　　　(1) 幼児のヨーガの有効性　105
　　　　(2) ヨーガの誘導方法の重要性　106
　　　　(3) 幼児のヨーガの指導の場について　108
　　　　(4) ヨーガの達成基準―成就感の与え方―　110
　　　　(5) 幼児へのヨーガ指導上の留意点　111
　3　幼児ヨーガの活用方法 ………………………………………………… 111
　　　　(1) スキンシップ・ヨーガ ―ウォーミングアップ、クールダウンを楽しむ方法と特徴―　111

(2) まねまねヨーガ ―一つずつのポーズを楽しむ方法と特徴― *113*
　　　(3) おはなしヨーガ ―一連のプログラムを楽しむ方法と特徴― *114*
　　　(4) みんなでヨーガ ―共同でつくりあげるポーズを楽しむ方法と特徴― *115*

第2章　キッズエアロビック ……………………………………田中　芳美 *117*

1　キッズエアロビックでの心とからだの発達 ……………………………… *118*
2　エアロビックの基本動作 ………………………………………………… *118*
　　(1) スタンディング編「立位」　*118*
　　(2) フロア編「座位」「床利用」　*123*
　　(3) 空中編「空中利用」　*125*
3　プログラム ………………………………………………………………… *126*
　　(1) プログラムづくり　*126*
　　(2) 音楽と動きの選択　*127*

第3章　ティーボールあそび ……………………………前橋　明・片岡　正幸 *129*

1　ティーボールあそびとは ………………………………………………… *130*
2　ティーボールあそびの内容 ……………………………………………… *130*
　　ゲートくぐり／ティーボールボウリング／ティーボールダッシュ／
　　ヒット・キャッチ／ティーボールラン／サークルラン／タッチアップ／
　　ボールコレクター／ネットキャッチ
3　障がい児のためのティーボールあそび ………………………………… *143*
　　なかよしボール／めざせ！ゴールサークル／サークルコース
4　親子のティーボールあそび ……………………………………………… *148*
　　ストレートティーボールあそび／エプロンキャッチ競争／ドリブルバック／
　　おんぶでゴール／おんぶでチャンプ！
5　保育現場でのティーボールあそびの実際 ……………………………… *156*
　　(1) 幼児へのティーボールあそびの指導のポイント　*156*
　　(2) 幼児への指導6つのポイント　*156*
　　(3) プログラムの内容　*157*
　　(4) プログラムの作成と内容　*159*

第4章　水あそび・水泳 ……………………………………………前橋　明 *161*

1　指導の基本的方向 ………………………………………………………… *162*
2　水あそび・水泳の指導の方法 …………………………………………… *162*
3　水あそび・水泳の指導のステップと内容 ……………………………… *163*
　　(1) 水慣れあそび（ステップ1）　*163*
　　(2) 水あそびと水中集団遊戯（ステップ2）　*165*
　　(3) 水中運動（ステップ3）　*168*

　　　　（4）呼吸法（ステップ4）　*171*
　　　　（5）泳法（ステップ5）　*171*

第5章　身近なもの・廃材を使った運動あそび　……………………………………佐野　裕子 *175*
　　1　指導計画時における留意事項………………………………………………………… *176*
　　2　プログラム実践における留意事項 ………………………………………………… *177*
　　3　タオルを使った運動あそび ………………………………………………………… *177*
　　　　オットット／タオルくぐり／なべなべそこぬけ／開けゴマ／電車リレー／
　　　　流れ星／ぐるぐる回して／はなさんぞ！／ニョロ虫／ニョロ虫つかまえた／
　　　　ニョロ虫とんだ！／転がって
　　4　スーパーのレジ袋を使った運動あそび …………………………………………… *189*
　　　　ナイスキャッチ／蹴ったり・ついたり／洗濯競争／乗せたりついたり／飛行機／
　　　　シッポとり／はさんで遊ぼう／ついて遊ぼう／おもしろボウリング
　　5　廃材を使った運動あそび …………………………………………………………… *198*
　　　　（1）ネットを使った運動あそび　*198*
　　　　　雪合戦／雪だまはこび／いろいろシュート
　　　　（2）新聞を使った運動あそび　*201*
　　　　　変身の術／跳び越しの術／穴くぐりの術／川渡りの術／的当ての術／
　　　　　友だちと力を合わせるの術

第6章　仲間づくりあそびとラケット・ボールを使った体育あそび
　　　　　　　　　　　　　　　　　………………………………原田　健次・森　　博史 *209*
　　1　仲間づくりあそび……………………………………………………………………… *210*
　　　　しっぽとりゲーム（3〜5歳児向け）／ボールとり（5歳児向け）
　　2　ラケット・ボールを使った体育あそび …………………………………………… *214*
　　　　ボールひろい／ボールはこび／ボールあつめ／ボールころがし／ボールころが
　　　　し競争／シュート競争／ボールつき／バウンドボールうち／点とりテニス

第7章　指導実習と参加実習 ……………………………………………………前橋　　明 *225*
　　1　指導実習の目標 ……………………………………………………………………… *226*
　　2　実習の種類 …………………………………………………………………………… *226*
　　　　（1）指導実習（指導担当者）　*226*
　　　　（2）参加実習（参加者）　*226*
　　3　指導実習準備 ………………………………………………………………………… *227*
　　4　指導の展開 …………………………………………………………………………… *227*
　　　　（1）幼児への働きかけを明確にすること　*228*
　　　　（2）運動の形式にとらわれすぎないこと　*228*
　　　　（3）運動に熱中できる活動を工夫すること　*228*

(4) 友だちとの交流がもてるよう、活動を工夫すること　*229*
　　　(5) 指導の流れの中に個別指導を位置づけ、展開できるよう工夫すること　*229*
　　　(6) 動機づけや賞賛の言葉かけ、技術面における的確なアドバイスを工夫すること　*229*
　　5　指導実習の反省・評価 ……………………………………………………… *229*

第8章　幼児体育指導実践 ……………………………………………… 前橋　明 *231*

第9章　幼児体育指導上のポイント ……………………………………… 前橋　明 *235*
　　1　幼児体育指導上のポイント ………………………………………………… *236*
　　　(1) 導入場面での留意事項　*236*
　　　(2) 展開場面での留意事項　*239*
　　　(3) 整理場面での留意事項　*242*
　　2　子どもたちが外で安全に遊ぶための工夫 ………………………………… *243*

第10章　幼児体育指導上の留意点 ……………………………………… 原田　健次 *247*
　　　(1) 指導を展開する上で配慮する点　*248*
　　　(2) 子どもとのかかわりで配慮する点　*249*

幼児期に、なぜ運動が大切なのか

〔前橋 明〕

1　子どもの抱える問題とその原因

　わが国では、子どもたちの学力低下や体力低下、心の問題が顕著となり、各方面でその対策が論じられ、教育現場では悪戦苦闘しています。子どもたちの脳・自律神経機能の低下、不登校や引きこもりに加えて、非行・少年犯罪などの問題も顕在化しており、それらの問題の背景には、幼少児期からの「生活リズムの乱れ」や「朝食の欠食」「運動不足」「親子のきずなの乏しさ」等が見受けられ、心配しています。

　結局、子どもたちの睡眠リズムが乱れると、摂食のリズムが崩れて朝食の欠食・排便の無さへとつながっていきます。その結果、朝からねむけやだるさを訴えて午前中の活動力が低下し、1日の運動量が減り、やがて自律神経の働きが弱まって昼夜の体温リズムが乱れてきます。

　そして、ホルモンリズムが乱れて体調不良になり、さらに、精神不安定に陥りやすくなって、行き着くところ、学力低下、体力低下、心の問題を抱える子どもたちが増えていきます。

2　深刻な休養面の乱れの問題

　一見すると、現代の子どもたちの生活は豊かになったように見えますが、その実、夜型化の影響を受けて、生体バランスは大きく崩壊し、自然の流れに反する形で生活のリズムが刻まれていくのを見過ごすことはできません。心とからだには密接な関係があって、からだの異常は精神の不調へと直結していきます。ですから、現代の子どもの問題は、どれを先に解決するかというよりも、心とからだの両面をケアして、できるところから解決していかねばなりません。こういう点をおろそかにしてきた、私たち大人には、猛省が必要です。

　中でも、休養面（睡眠）の乱れの問題は、深刻です。短時間睡眠の幼児は、翌日に注意集中ができないという精神的な疲労症状を訴えることが明らかにされています（前橋・石井・中永、1997）。幼児期には、夜間に少なくとも10時間以上の睡眠時間を確保させることが欠かせないのです。

　子どもは、夜眠っている間に、脳内の温度を下げてからだを休めるホルモン「メラトニン」や、成長や細胞の新生を助ける成長ホルモンが分泌されるのですが、今日では、夜型化した大人社会の影響を受け、子どもたちの生体のリズムは狂いを生じています。不規則

な生活になると、カーッとなったり、イライラして集中力が欠如し、対人関係に問題を生じて、気力が感じられなくなったりします。

生活リズムの崩れは、子どもたちのからだを壊し、それが心の問題にまで影響を与えていくのです。

3　大人への警告

それらの問題の改善には、大人たちがもっと真剣に「乳幼児期からの子ども本来の生活」を大切にしていくことが必要です。

(1) 夜型の生活を送らせていては、子どもたちが朝から眠気やだるさを訴えるのは当然です。
(2) 睡眠不足だと、注意集中ができず、また、朝食を欠食させているとイライラ感が高まるのは当たり前です。学校にあがってから、授業中はじっとしていられず、歩き回っても仕方がありません。
(3) 幼いときから、保護者から離れての生活が多いと、愛情に飢えるのもわかります。親の方も、子どもから離れ過ぎると、愛情が維持できなくなり、子を愛おしく思えなくなっていきます。
(4) 便利さや時間の効率性を重視するあまり、徒歩通園から車通園に変え、親子のふれあいや歩くという運動量確保の時間が減っていき、コミュニケーションが少なくなり、体力低下や外界環境に対する適応力が低下していきます。
(5) テレビやビデオの使いすぎも、対人関係能力や言葉の発達を遅らせ、コミュニケーションのとれない子どもにしていきます。とくに、午後の運動あそびの減少、地域の異年齢によるたまり場あそびの崩壊、ゲームの実施やテレビ視聴の激増が子どもたちの運動不足を招き、生活リズムの調整をできなくしていきます。

それらの点を改善していかないと、子どもたちの学力向上や体力強化は図れないでしょう。キレる子どもや問題行動をとる子どもが現れても不思議ではありません。ここは、腰を据えて、乳幼児期からの生活習慣を健康的に整えていかねばならないでしょう。

生活習慣を整えていく上でも、1日の生活の中で、一度は運動エネルギーを発散し、情緒の解放を図る機会や場を与えることの重要性を見逃してはなりません。そのためにも、幼児期には、日中の運動あそびが非常に大切となります。運動あそびというものは、体力づくりはもちろん、基礎代謝の向上や体温調節、あるいは脳・神経系の働きに重要な役割

を担っています。園や地域において、時がたつのを忘れて、あそびに熱中できる環境を保障していくことで、子どもたちは安心して成長していけます。

4　午前のあそびに加えて、「午後あそび」のススメ

　子どもたちの体温が最も高まって、心身のウォーミングアップのできる午後3時頃から、戸外での集団あそびや運動が充実していないと、発揮したい運動エネルギーの発散すらできず、ストレスやイライラ感が鬱積されていきます。

　そこで、日中は、室内でのテレビ・ビデオ視聴やテレビゲームに替わって、太陽の下で十分な運動あそびをさせて、夜には心地よい疲れを得るようにさせることが大切です。

　低年齢で、体力が弱い場合には、午前中にからだを動かすだけでも、夜早めに眠れるようになりますが、体力がついてくる4～5歳以降は、朝の運動だけでは足りません。体温の高まるピーク時の運動も、ぜひ大切に考えて、子どもの生活の中に取り入れてください。

　幼児のからだを整えるポイントは、次のとおりです。

①体温がピークになる午後3時～5時頃に、しっかり、からだを動かします。
②夕食を早めに食べて、夜8時頃には寝るようにします。遅くとも、午後9時頃までには寝るように促します。
③朝7時前には起きて、朝食を摂り、ゆとりをもって排便します。
④午前中も、できるだけ外あそびをします。

　つまり、生活リズムの整調のためには、運動あそびの実践が極めて有効であり、その運動あそびを生活の中に積極的に取り入れることで、運動量が増して、子どもたちの睡眠のリズムは整い、その結果、食欲は旺盛になります。健康的な生活のリズムの習慣化によって、子どもたちの心身のコンディションも良好に維持されて、心も落ち着き、カーッとキレることなく、情緒も安定していくのです。

　ところが、残念なことに、今はそういう機会が極端に減ってきています。この部分を何とかすることが、私たち大人に与えられた緊急課題でしょう。生活は、一日のサイクルでつながっているので、1つが悪くなると、どんどん崩れていきます。しかし、生活の節目の1つ（とくに運動場面）が良い方向に改善できると、次第にほかのことも良くなっていくというロマンがあります。

　そのために、身体活動や運動を取り扱う幼児体育指導者や幼稚園・保育園の先生方、保護者の皆さんに、期待される事柄は非常に大きいものがあると思います。

5　親子ふれあい体操のススメ

　乳幼児期から親子のふれあいがしっかりもてて、かつ、からだにも良いことを実践していくために、1つの提案があります。それは、「親子体操」の実践です（資料1）。まず、親子でからだを動かして遊んだり、体操をしたりする運動の機会を、日常的に設けるのです。子どもといっしょに汗をかいてください。子どもに、お父さんやお母さんを独り占めにできる時間をもたせてください。

　親の方も、子どもの動きを見て、成長を感じ、喜びを感じてくれることでしょう。他の家族がおもしろい運動をしていたら、参考にしてもらってください。子どもがんばっていることをしっかり褒めて、自信をもたせてください。子どもにも、動きを考えさせて創造性を培ってください。動くことで、お腹がすき、食事が進みます。夜には、心地よい疲れをもたらしてくれ、ぐっすり眠れます。親子体操の実践は、食事や睡眠の問題改善にしっかりつながっていきます。親子体操は、これまでに、いろいろなところで取り組まれている内容です。でも、それらを本気で実践するために、地域や社会が、町や県や国が、本気で動いて、大きな健康づくりのムーブメントを作るのです。こんな体験をもたせてもらった子どもは、きっと勉強や運動にも楽しく取り組んで、さらに家族や社会の人々とのコミュニケーションがしっかりとれる若者に成長していくはずです。

　急がば回れ、乳幼児期からの生活やふれあい体験、とくに運動体験とそのときに味わう感動を大切にしていきませんか。だからこそ、それら貴重な内容を提示し、直接、子どもたちと関わることのできる幼児体育指導者に期待されることは、非常に大きいのです。

資料1　親子ふれあい体操ポスター

6　研究からの知見と提案

子どもと保護者の生活調査や生活リズム研究を通して、わかってきたことを、整理してみます。

(1) 年齢が低く、体力の弱い子どもは、午前中のあそびだけで、夜には疲れを誘発し、早く眠くなりますが、加齢に伴って体力がついてくると、午前中のあそびだけでは疲れをもたらさず、遅くまで起きていられます。もう1つ、午後のあそびが必要です。とりわけ、午後3時頃からの積極的な運動あそびで、しっかり運動エネルギーを発散させ、情緒の解放を図っておくことが、夜の入眠を早める秘訣です。

(2) 夕食の開始が午後7時を過ぎると、就寝が午後10時をまわる確率が高くなります。幼児には、午後6時～7時頃までに夕食を始めさせるのがお勧めです。

(3) 朝、疲れている子どもは、テレビやビデオの視聴時間が長く、夜、寝るのが遅いです。そして、睡眠時間が短く、日中の運動量が少ないです。そういった子どもの実態をみますと、その母親のメールの実施時間は長いことがわかっています。また、夜は物とのかかわりをしており、親子のふれあい時間が少ないのが特徴です。

(4) 夜8時になったら、環境を暗くし、夜を感じさせて、眠りへと導きましょう。テレビのついた部屋は、光刺激が入るので眠れません。電気を消して部屋を暗くすることが大切です。

(5) 朝になったら、カーテンをあける習慣を作ります。朝には、陽光を感じさせ、光刺激で目覚めさせましょう。

7　幼児体育指導に携わる者に期待すること

子どもたちが健康を維持しながら、心身ともに健全な生活を送っていくようにさせるためには、

まず、①指導者自らが自己の生活を見直して、適度な運動を生活の中に取り入れていくことが大切です。その際、体温リズムを理解したうえで、子どもたちに日中の運動あそびを奨励し、充実させて下さい。

そして、②手軽にできる運動あそびを、子どもたちといっしょに、実際に行って汗をかいてもらいたいのです。また、③子どもが遊びたくなる園庭づくりを工夫したり、④テレ

ビ・ビデオ視聴に打ち勝つ運動あそびの魅力や楽しさを感動体験として味わわせたり、⑤お迎え時を利用して、親と子がふれあうことのできる簡単な体操を紹介して、家庭での実践につなげて下さい。

そのためにも、日頃から運動指導に関する研修会に積極的に参加され、幼児体育指導者としての研鑽を積んでいただきたいと願います。

要は、幼児の健全育成を図っていくためには、指導者層に「運動や栄養、休養」の必要性や、規則正しい生活リズムづくりの重要性のわかる人が、一人でも多く増えていくことが大切なのです。

理論編

第1章 幼児にとっての運動の役割と効果

〔前橋　明〕

今日、都市化が進むにつれ、子どもたちの活動できる空間が縮小されるとともに、からだ全体を十分に動かす機会も非常に少なくなってきました。咄嗟に手をつくという防御動作がなかなかとれず、顔面に直接ケガをする子どもたちが増えてきました。日頃、十分に運動している子どもたちであれば、うまく手をついて、ケガをしないように転ぶことができます。ところが、運動不足で反射神経が鈍っていると、手のつき方も不自然になり、まるで発作でも起きたかのようにバターッと倒れ、骨を折りかねません。また、ボールがゆっくりと飛んできても、手でよけたり、からだごと逃げたりできないので、ボールが顔にまともにあたってしまいます。このように、日頃運動をしていない子どもたちは、自分にふりかかってくる危険がわからず、危険を防ぐにはどうすればよいかをからだ自体が経験していないのです。

　幼児というものは、運動あそびや各種運動の実践を通してからだをつくり、社会性や知能を発達させていきます。からだのもつ抵抗力が弱く、病気にかかりやすい幼児に対しては、健康についての十分な配慮が欠かせないことは言うまでもありませんが、そうかといって、「カゼをひいては困るから外出させない」「紫外線にあたるから、外で遊ばせない」というように、まわりが大事を取り過ぎて、幼児を運動から遠ざけてしまうと、結果的に幼児を運動不足にし、健康上、マイナスを来してしまいます。

　この時期に、運動を敬遠すれば、全身の筋肉の発達も遅れ、平衡感覚も育成されにくくなります。とくに、背筋力の低下が目立つといわれている現在では、運動経験の有無が幼児の健康に大きな影響を与えることになります。それにもかかわらず、現実は、ますますからだを動かさない方向に進んでいるといえます。

　幼児にとっての身体活動や運動は、単に体力をつくるだけではありません。人間として生きていく能力や、人間らしい生き方の基盤をつくっていきます。しかし、基礎体力がないと、根気や集中力を養うことができません。少々の壁にぶつかってもへこたれず、自分の力で乗り越えることのできるたくましい子どもに成長させるためには、戸外で大勢の友だちといっしょに、伸び伸びと運動をさせることが大切です。活発な動きを伴う運動あそびや運動を長時間行う幼児は、自然に持久力育成の訓練をし、その中で呼吸循環機能を改善し、高めています。さらに、力いっぱい動きまわる幼児は、筋力を強くし、走力もすぐれてきます。また、からだを自分の思うように動かす調整力を養い、総合的に調和のとれた体力も身につけていきます。

　体力・健康の増進というと、肉体的な面にすぐ目が向けられがちですが、精神的発達や知的発達と密接に結びついていることを忘れてはなりません。運動をすることによって、

外の世界に対して、積極的、かつ、能動的に働きかけるようになり、生きる意欲も高まり、ひいては健康も増していきます。逆に何もしないと、体力は弱まり、気力も衰えます。病気がちでは、内向的にもなりやすいです。健康であれば、自信もつくし、冒険心もついてきます。このように、性格形成にも大きく影響を与えますので、早期における健康・体力づくりは、大変重要だといえるでしょう。

　幼児が行う運動は、それが非常に簡単なものであっても、発達した脳の活動なしには決して行えるものではありません。人間が生きている限り、身体活動は必須であり、それによって、発育・発達をし、生命を維持することができるからです。つまり、幼児期は、少しずつではありますが、身体活動の促進により、自己の生活空間を拡大し、社会性や情緒面の諸能力を可能なかぎり助長しているわけです。

　このような身体活動の積極的な促進は、人間としての統合的な発達の上で重要な役割を果たしてくれます。もし、発育期の最大の刺激となる身体活動がなされていないならば、幼児の潜在的能力が十分に発揮されないことになります。

　いずれにしても、発達刺激としての運動を実践することは、身体的発達を助長し、さらに、情緒的な発達、社会的態度の育成、健康・安全を配慮する能力などを養い、人間形成に役立っていきます。

　そこで、幼児の健全な心身の発達において、運動あそびや運動実践がどのような役割を果たしているかをみていきましょう。

1　身体的発育の促進

　運動とからだの発育・発達とは、切り離しては考えられません。適度な身体活動や運動実践は、身体的発育を促進します。すなわち、全身運動は、生体内の代謝を高め、血液循環を促進し、その結果として、骨や筋肉の発育を助長していきます。

　筋肉は、運動によって徐々にその太さを増し、それに比例して力も強くなります。逆に、筋肉を使わないと、廃用性萎縮といって、筋肉が細くなり、力も弱くなります。つまり、筋肉は運動することによって強化されるのです。砂あそびやボール投げ、ブランコ・すべり台・ジャングルジム等を利用してのあそびは、特別な動機づけの必要もなく、ごく自然のうちに筋力をはじめ、呼吸循環機能を高め、身体各部の成長を促進していきます。

つまり、運動することによって、体力や健康が養われ、それらが増進されると、幼児は、より活動的な運動あそびを好むようになり、同時にからだの発育が促されていくのです。

2　運動機能の発達と促進

身体活動をすることによって、それに関連する諸機能が刺激され、発達していきます。しかし、おのおのの時期に、とくに発達する機能とそうでない機能とがあります。例えば、幼児の神経機能は出生後きわめて著しい発育を示し、生後6年間に成人の約90％に達します。

運動機能は、脳神経系の支配下にありますから、神経機能が急速に発達する幼児期においては、いろいろな運動を経験させ、運動神経を支配する中枢回路を敷設しておくことが大切です。また、幼児期に形成された神経支配の中枢回路は、容易に消えないので、その時期においては、調整力を中心とした運動機能の開発をねらうことが望ましいといえます。

運動によって運動機能が発達してくると、自発的にその機能を使用しようとする傾向が出てきます。そのことによって、運動機能はさらに高められ、児童期の終わり頃にはかなりの段階にまで発達していきます。

こうして、多様な運動経験を通して、幼児のからだに発育刺激を与えることができるとともに、協応性や平衡性、柔軟性、敏捷性、リズム、スピード、筋力、持久力、瞬発力などの調和のとれた体力を養い、空間での方位性や左右性をも確立していくことができます。

つまり、からだのバランスと安定性の向上を図り、からだの各運動相互の協調を増し、全体的・部分的な種々の協応動作の統制を図ることができるのです。そして、からだの均整が保たれ、筋肉の協同運動が合理的に行われるようになると、運動の正確さやスピードも高められ、無益なエネルギーの消費を行わないようになります。このように、基礎的運動能力を身につけ、エネルギー節約の方法を習得できるようになります。

3　健康の増進

全身運動を行うことにより、血液循環が良くなり、心臓や肺臓、消化器などの内臓の働きが促進されます。また、運動をくりかえすことによって、外界に対する適応力が身につき、皮膚も鍛

えられ、寒さに強く、カゼをひきにくい体質づくりにもつながります。
　つまり、寒さや暑さに対する抵抗力を高め、からだの適応能力を向上させ、健康づくりに大いに役立ちます。

4　情緒の発達

　運動あそびや運動を実践することによって、情緒の発達が促されます。また、情緒の発達にともなって、幼児の運動あそびや運動の内容は変化します。すなわち、運動と情緒的発達との間にも、密接な相互関係が成り立っているのです。

　情緒は単なる生理的な興奮から、快・不快に分化し、それらは、さらに愛情や喜び・怒り・恐れ・しっと等に細かくわかれていきます。そして、5歳頃までには、ほとんどすべての情緒が表現されるようになります。

　このような情緒の発達は、人間関係の交渉を通して形成されます。この初期における人間関係の媒介をなすものがあそびであり、中でも、運動あそびを媒介として幼児と親、きょうだい同士、友だち等との人間関係がより強く形成されていきます。

　そして、運動あそびや各種の運動実践は、幼児が日常生活の中で経験する不安、怒り、恐れ、欲求、不満などを解放する、安全で有効な手段となっていきます。

　なお、心身に何らかの障害をもつ幼児の場合、心配で放っておけないということから、運動規制が強すぎたり、集団での運動経験が不足したりしている状態で育っているというケースが比較的多くみられます。自閉児と呼ばれている幼児の中には、十分な体力をもちながら、運動エネルギーを不燃のまま自分の殻の中に閉じ込め、それが情緒的に悪影響を及ぼしているケースも、少なくありません。

　そこで、こういった経験の不足を取りもどし、幼児の中で眠り続けてきた運動エネルギーに火をつけ、十分発散させてやることが、情緒的にも精神的にも極めて重要です。多動で落ちつきのない幼児についても、同じことがいえます。大きなつぶつぶの汗が出るほど運動した後は、比較的落ちついてくるものです。多動だからといって、無理に動きを規制すると、かえって、子どもたちを多動にさせていきます。

　いずれにしても、運動は健全な情緒の発達にとって、重要な意味をもっています。

5　知的発達の促進

　子どもは、幼い頃からあそびや運動を中心とした身体活動を通して、自己と外界との区別を知り、自分と接する人々の態度を識別し、物の性質やその扱い方を学習していきます。また、対象物を正しく知覚・認識する働きや異同を弁別する力などの知的学習能力が養われる運動あそびにおいて、幼児は空想や想像の力を借りて、あらゆる物をその道具として利用します。例えば、大きな石はとび箱になり、ジャンプ台になり、ときには、馬にもなっていくのです。

　このような運動あそびは、想像する能力を高め、創造性を養い、知的能力の発達に寄与しています。運動遊具や自然物をどのように用いるかを工夫するとき、そこに思考力が養われていきます。様々な運動遊具を用いる運動によって、幼児はその遊具の使い方やあそび方、物の意義、形、大きさ、色、そして、構造などを認識し、学習していくのです。知的発達においては、自分の意志によって環境や物を自由探索し、チェックし、試みていくことが重要ですが、ときには指導者が指示を与え、物の性質やその働きを教えていくことも大いに必要です。

　そして、運動あそびの中で、成功や失敗の経験を積み重ねていくことが、知的発達の上で大切になってきます。

　また、友だちといっしょに運動できるようになると、自然のうちに認知力や思考力が育成され、集団思考ができるようになります。そして、模倣学習の対象も拡大し、運動経験の範囲も広くなってきます。幼児は、こうして自己と他人について学習し、その人間関係についての理解を獲得していきます。さらに、自己の能力についての知識を得るようになると、幼児は他人の能力との比較を行うようになってきます。

　生理学的にみると、脳の機能は、細胞間の結合が精密化し、神経繊維の髄鞘化が進むにつれて向上していきます。神経も、適度に使うことによって、発達が促進されるという「使用・不使用の原理」が働いていることを覚えておきたいものです。

6 社会性の育成

　幼児が仲間といっしょに運動する場合、順番を守ったり、みんなと仲良くしたりすることが要求されます。また、お互いに守らねばならないルールがあって、幼児なりにその行動規範に従わねばなりません。運動実践の場では、集団の中での規律を理解するための基本的要素、協力の態度など、社会性の内容が豊富に含まれているため、それらを十分に経験させることによって、社会生活を営むための必要な態度が身についてきます。

　つまり、各種の運動実践の中で、指示にしたがって、いろいろな運動に取り組めるようになるだけでなく、仲間といっしょに運動することによって、対人的認知能力や社会的行動力が養われていきます。こうして、仲間とともに運動することで、ルールの必要性を知り、自己の欲求を調整しながら運動が楽しめるようになります。

7 治療的効果

　様々なタイプの運動障害が起こってくるのは、脳から調和のとれた命令が流れない・受け取れないためです。運動障害の治療の目標を運動パターンや動作、または、運動機能と呼ばれているものの回復におき、その状態に応じた身体活動をさせることによって、筋肉の作用、平衡、姿勢、協調、運動感覚（自分のからだの各部が、どんな運動をしているかを認知できる感覚）、視覚、知覚などの、日常における運動を組み立てている諸因子の調和を図ることができるようになります。

　機能の悪さは、幼児がひとりで生活できる能力やあそびを楽しむ能力を奪ったり、抑制したりします。そこで、正常で、効率的な活動パターンを運動あそびや運動の実践の中で学んでいくことによって、幼児は能力に見合う要求を満たすことができるようになります。

　また、言葉を発しない障がい児は、思考や感情を十分に表現できないので、種々の運動を用いて感情や欲求の解放を図ることができます。

8 安全能力の向上

　運動技能を身につけることは、生命を守る技術を習得していることであり、自己の安全能力の向上に役立ちます。また、ルールや指示に従う能力が育成されてくることによって、

事故防止にもつながります。

9　日常生活への貢献と生活習慣づくり

　「睡眠をよくとり、生活のリズムづくりに役立つ」「運動後の空腹感を満たす際に、偏食を直す指導と結びつけることによって、食事の指導にも役立つ」「汗ふきや手洗いの指導を導入することによって、からだを清潔にする習慣や態度づくりに役立つ」等、基本的生活習慣を身につけさせることにもつながります。

　いろいろな運動経験を通して、幼児に身体活動の楽しさを十分に味わわせることは、日常生活はもちろん、生涯を通じて自ら積極的に運動を実践できるようにします。そして、「からだを動かし、運動することは楽しい」ということを体得させていくことができます。

　つまり、力いっぱい運動することによって活動欲求を満たし、運動そのものの楽しさを幼児一人ひとりのものとするとき、その楽しさが幼児の積極的な自発性を引き出し、日常生活を通じて運動を継続的に実践する態度へと発展させることができます。

　このように、発達刺激としての運動実践は、身体的発達を助長するばかりでなく、そこから結果として、情緒的な発達、社会的態度の育成、健康・安全に配慮する能力などを養い、人間形成に役立っていく、必要不可欠で、かつ、極めて重要なものといえます。

第2章 幼児期の体力・運動能力、運動スキルの発達

〔前橋 明〕

1　運動能力

　人間の身体発育や体力・運動能力をみると、それらの発達には、一定の法則があることに気づきます。たとえば、人間のからだの機能は、栄養を与えれば、ある程度の発育や発達はしますが、使わなければ萎縮（機能低下）していきます。また、使い過ぎれば、かえって機能障害を起こす恐れがあります。したがって、正しく使えば発達するということです。

　ここでいう「発育」とは、英語のgrowthであり、身長や体重といったからだの形態的変化（増大）です。また、「発達」とは、英語のdevelopmentであり、筋力や瞬発力が高まったというような心身の機能的変化（拡大）です。

　乳児期の運動発達では、神経組織の発育・発達が中心となり、とりわけ、髄鞘の発育が急速に成就され、大きく関与してきます。したがって、運動機能の発達は、以下の3つの特徴が考えられます。

①頭部から下肢の方へと、機能の発達が移っていきます。
②からだの中枢部から末梢部へと、運動が進んでいきます。
③大きな筋肉を使った粗大な運動しかできない時期から、次第に分化して、小さな筋肉を巧みに使える微細運動や協調運動が可能となり、随意連動ができるようになります。

　乳児の身体運動は、四肢の動きに始まり、少したって、頸の動き、頸の筋肉の力が発達して頭部を支え、7～8か月頃になると、座ることができ、平衡感覚が備わってきます。続いて、手・脚の協調性が生まれるとともに、手や脚、腰の筋力の発達によって、からだを支えることができるようになり、這いだします。

　這う機能が発達してくると、平衡感覚もいっそう発達して、直立、歩行を開始します。これらの発達は、個人差があるものの、生後1年2～3か月のうちに、この経過をたどります。

　幼児期になると、走力や跳力、投力、懸垂力などの基礎的運動能力が備わってきます。はじめは、細かい運動はできず、全身運動が多く、そして、4歳～5歳くらいになると、手先や指先の運動が単独に行われるようになります。

　こうした幼児の発達段階をふまえて、運動能力を発達させるには、興味あるあそびを自発的にくり返し経験させることが大切です。というのも、3歳～4歳頃になれば、運動能力はあそびを通して発達していくからです。

5歳〜6歳になると、独創的発達も進んできます。さらに、情緒も発達してきますので、あそびから一歩進んで体育的な運動を加味することが大切になってきます。競争や遊戯などを経験し、運動機能を発達させるとともに、幼児の体力づくりのための具体的な働きかけも必要となってきます。

　ところで、ここでいう「運動能力」とは、全身の機能、とくに神経・感覚機能と筋機能の総合構成した能力と考えてよいでしょう。また、基礎的運動能力として、走力や跳力の伸びがはやく、とくに3歳、4歳、5歳では、その動きが大きいといえます。

　なかでも、走る運動は、全身運動であるため、筋力や心肺機能（循環機能）の発達と関係が深く、跳躍運動は、瞬発的に大きな脚の筋力によって行われる運動ですから、その跳躍距離の長短は腕の振りと脚の伸展の協応力とも関係が深いといえます。跳躍距離に関しては、6歳児になると、脚の筋力の発達と協応動作の発達により、3歳児の2倍近くの距離を跳べるようになります。

　投げる運動では、大きな腕の力や手首の力があっても、手からボールを離すタイミングを誤ると、距離は伸びません。とくに、オーバースローによる距離投げの場合は、脚から手首まで、力を順に伝達し、その力をボールにかけるようにする必要があります。オーバースローによるボール投げは、4歳半以降からは、男児の方の発達が女児に比べて大きくなります。

　懸垂運動は、筋の持久性はもとより、運動を続けようという意志力にも影響を受けます。幼児期では、運動能力、とくに、大脳皮質の運動領域の発達による調整力の伸びがはやく、性別を問わず、4歳頃になると、急速にその力がついてきます。これは、脳の錐体細胞が、回路化し、それにあわせて筋肉や骨格も発達していくからでしょう。

2　体　力

　体力とは何かについては、多くの考え方があり、様々な定義がなされていますが、ここでは、体力とは、人間が存在し、活動していくために必要な身体的能力であると考えてみましょう。つまり、英語の physical fitness ということばに相当します。このような意味での体力は、大きく2つの側面にわけられます（図2-1）。

　一つは、健康をおびやかす外界の刺激に打ち勝って健康を維持していくための能力で、病気に対する抵抗力、暑さや寒さに対する適応力、病原菌に対する免疫などがその内容であり、防衛体力と呼ばれます。

理論編

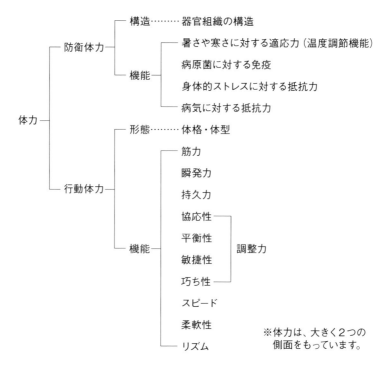

図2-1　体力の構成要素

　もう一つは、作業やスポーツ等の運動をするときに必要とされる能力で、積極的にからだを働かせる能力であり、行動体力と呼ばれます。
　つまり、体力とは、種々のストレスに対する抵抗力としての防衛体力と、積極的に活動するための行動体力を総合した能力であるといえます。行動体力は、体格や体型などの身体の形態と機能に二分されますが、以下にその機能面について簡単に説明してみます。

(1) 行動を起こす力

1) 筋力 (strength)

　筋が収縮することによって生じる力のことをいいます。つまり、筋が最大努力によって、どれくらい大きな力を発揮し得るかということで、kgであらわします。

2) 瞬発力 (power)

　パワーということばで用いられ、瞬間的に大きな力を出して運動を起こす能力をいいます。

(2) 持続する力

　持久力（endurance）といい、用いられる筋群に負荷のかかった状態で、いかに長時間作業を続けることができるかという筋持久力（muscular endurance）と、全身的な運動を長時間継続して行う呼吸・循環機能の持久力（cardiovascular／respiratory endurance）に、大きくわけられます。

(3) 正確に行う力（調整力）

　いろいろ異なった動きを総合して目的とする動きを、正確に、かつ円滑に、効率よく遂行する能力のことで、協応性とも、しばしば呼ばれることがあります。また、平衡性や敏捷性、巧緻性などの体力要素と相関性が高いといわれています。

1）協応性（coordination）
　身体の2つ以上の部位の運動を、1つのまとまった運動に融合したり、身体の内・外からの刺激に対応して運動したりする能力を指し、複雑な運動を学習する場合に重要な役割を果たします。

2）平衡性（balance）
　バランスという言葉で用いられ、身体の姿勢を保つ能力をいいます。歩いたり、跳んだり、渡ったりする運動の中で、姿勢の安定性を意味する**動的平衡性**と、静止した状態での安定性を意味する**静的平衡性**とに区別されます。さらに、物体の平衡を維持する能力、例えば、手の平の上に棒を立てて、そのバランスを保つ平衡性もあります。

3）敏捷性（agility）
　からだをすばやく動かして、方向を転換したり、刺激に対して反応したりする能力をいいます。

4）巧緻性（skillfulness）
　からだを目的に合わせて正確に、すばやく、なめらかに動かす能力であり、いわゆる器用さ、巧みさのことをいいます。

(4) 円滑に行う力

1）柔軟性（flexibility）
　からだの柔らかさのことで、からだをいろいろな方向に曲げたり、伸ばしたりする能力です。この能力が優れていると、運動をスムーズに大きく、美しく行うことができます。

2）リズム（rythm）

音、拍子、動き、または、無理のない美しい連続的運動を含む調子のことで、運動の協応や効率に関係します。

3）スピード（speed）

物体の進行するはやさをいいます。

3　運動スキルと運動時に育つ能力

(1) 運動スキル

幼児期にみられる基本の運動スキルを4つ紹介します（図2-2）。

1）移動系運動スキル

歩く、走る、這う、跳ぶ、スキップする、泳ぐ等、ある場所から他の場所へ動く技術です。

2）平衡系運動スキル

バランスをとる、渡る等、姿勢の安定を保つスキルです。

3）操作系運動スキル

投げる、蹴る、打つ、取る等、物に働きかけたり、操ったりする動きの技術です。

4）非移動系運動スキル（その場での運動スキル）

その場で、押したり、引いたり、ぶら下がったりする技術です。

(2) 運動時に育つ能力

1）身体認識力

身体部分（手、足、膝、指、頭、背中など）とその動き（筋肉運動的な動き）を理解・認識する力です。自分のからだが、どのように動き、どのような姿勢になっているかを見極める力です。

2）空間認知能力

自分のからだと自己を取り巻く空間について知り、からだと方向・位置関係（上下・左右・高低など）を理解する能力です。

第2章 幼児期の体力・運動能力、運動スキルの発達

●移動系 腹を地に着けて這う(Crawling)、四つ足で這う(Creeping)、這い上がる、歩く、登る、降りる、走る、止まる、リープ、スキップ、ホップ、ギャロップ、跳ぶ、跳び上がり降り、よじ登る、跳び越える、またぎ跳ぶ、かわす、くぐる、すべる、泳ぐ	 跳び上がり降り　　スキップ
●平衡系 腕で支える、座る、かがむ、立つ、立ち上がる、片足で立つ、バランス立ちをする、乗る、渡る、浮く	  30秒、 1人おすわり　　腕で支える　　渡る
●操作系 つかむ、つまむ、はなす、ほうる、投げる、蹴る、打つ、つく(まりつき)、たたく、捕まえる、受ける、漕ぐ	 にぎにぎしてごらん  フラフープまわし　　　　　キャッチボール
●非移動系 (その場での運動スキル) ぶら下がる、押す、引く	 押す　　ぶら下がる 引く　　　　支える　　つかまる

図2-2　基本運動スキル

第3章

運動のつまずきと子どもへの対応

〔前橋　明・田中　光〕

1　振り返ってみた幼児期の運動場面にみられるつまずき

　他の子どもにできることが、自分にはできない——これは、子どもにとっては本当につらいことです。大人なら笑って済ますこともできるでしょうが、子どもの頃のみじめで、恥ずかしかった思いはなかなか消すこともできないまま、嫌な経験として残る場合が非常に多いものです。また、子どもは、いつ、どんなことにつまずいて悩むのか、わかりません。このいつやってくるか、わからないつまずきに対して、指導者は、ケース・バイ・ケースの対応が望まれています。

　だからこそ対応には、まず、幼児のつまずきや悩みの実態把握が必要ですね。そのような観点から、これまで、幼児に対するインタビューや保護者に対するアンケート調査を実施し、幼児が出会うつまずきや悩みの実態を把握してきました。そして、本章では、人生の過去に体験したつまずきや悩みの原因の分析と望ましい対応策を検討した結果（前橋 明，1995）をかいつまんで紹介することにします。

　調査[1]は、18歳から20歳の大学生283名（男子53名、女子230名）を対象に、これまでの生活を振り返ってもらい、最もつらかった運動場面における悩みを一つ提供してもらうことにしました。なお、調査の内容は、つまずいた時期や期間、悩んだ原因や運動、そして、自分のつまずきや悩みを振り返って考える対応策や改善策についての質問でした。

　自己の人生を振り返り、運動の場面においてのつまずきによって最も悩んだ時期で、最も多かったのは、中学1年生の時（20.4％）で、続いて、小学校の4年と6年（11.7％）のときでした。特徴的なことは、小学生の時期、とくに中・高学年の時期と中学2年生頃までに、運動場面で悩んだり、つまずく子どもが多いといえます。この時期は、人生の中でも、とても周囲のことが気になり、感受性の鋭い多感な時期であるからでしょう。大人側からすれば、なんとも思わないような言葉や態度でも、多感なこの時期の子どもたちは、ひどく傷ついたりすることが多いのです。

　つまずいた期間としては、長い者は14年間ほど悩み続けた者もいましたが、半数の者は、1年から3年間程、つらさが持続したようでした。

　つまずきの原因は、幼児期では、「水に対しての恐怖心」や「不得意に起因する劣等感」が主でした。また、幼児期からの関連性をみるため、児童期以降の結果も示してみますと、小学校の低学年では、つまずきの原因は運動が不得意・苦手・嫌いという潜在意識、体育の成績の低さや恐怖感、ケガの体験、クラスメイトからの責め、技術レベルの低さからく

る劣等感でした。小学校高学年では、運動（とくに水泳）に対する自信の無さや、不得意であるが故の劣等感、人数合わせのための試合への強制出場、水泳練習への強制、自己の根性の無さ、親による運動の制限でした。

中学校期では、運動（とくに持久走）が不得意で嫌い、自分のミスで仲間の足を引っ張る、先生の対応の悪さと無視、技術レベルの低下、他者からの高い期待、技術・体力レベルの低さ、持久走における記録や順位づけでした。

高校期は、病気や傷害、運動不足による体力の衰えや技術レベルの低下でしたが、大人になるにつれて、プライドをもったり、人の目を気にしたりして、それが精神的に苦痛になり、それから逃避するために、理由をつけることが多くなっているようです。

成人になって、振り返ってみたつまずきの対応策としては、幼児期では、先生や指導者の指導や対応の改善、とくに、先生が全員を平等にみることや子どもの気持ちを理解することを希望していました。その他、がんばることやまわりからの励ましがあることが回答されていました。

幼児期以降における対策を、以下にまとめてみます。

1）小学校前期
　①自らが運動する楽しさを知り、運動に楽しんで取り組むようにする。
　②がんばろうという気持ちをもって、地道に練習する。

2）小学校後期
　①日頃から一生懸命、練習して努力し、向上心をもって練習を積み重ねる。
　②自分の気持ちや意気込みをしっかりもつこと・がんばること。
　③運動は楽しいものだという発想の転換をはかる。

3）中学校期
　①楽しくリラックスして運動する。
　②まわりを気にせず、自分なりに取り組む。
　③指導者は、生徒の気持ちを理解すること。
　④指導者は殴らない。差別をしない。決めつける考え方を反省する。

4）高校期
　①日頃からからだを動かして、継続的に運動する。
　②プライドをもち過ぎない。
　③人の目を気にし過ぎない。
　④自分のペースで楽しく運動する。

⑤一人ひとりをよく見て、励ます。
　⑥楽しめるような指導をする。

　このように、大きくなるにしたがって、つまずきについての対応策は、自分自身の個人的な努力や運動に対する考え方の改善になっています。

　つまずいたときの運動は、水泳が28.6％と最も多く、続いて、器械体操（27.1％）、陸上競技（22.9％）でした。

　次に、対象者の経験の記述の中から、幼児期の悩みの体験に基づいて、対象者が訴えたいことから、指導者がとるべき方法や対応策を考えてみたいと思います。まず、対象者の経験の一端を、紹介してみます。

Hさんの体験：私は、なかなか自転車に乗れない子でした。幼稚園にいても、友だちが自転車にスイスイと乗る様子をいつも横目で見ていることが多かったです。「乗れない」ことがネックになって、「自分も自転車に乗りたい」という意欲もだんだん消えていったと思います。一度そうなってしまうと、乗りたいけど替わってほしいと言えず、言えないから乗らない、乗らないから上達しない・・・こんな悪循環になってしまい、それから抜けられなくなって、つまずきになってしまいました。そんな私を見かねてか、母親は、毎日、自転車の練習につきあってくれるようになりました。コマを自転車からはずし、後ろから支えてくれながら、励ましの言葉を忘れずにかけてくれたのです。その一言一言は、本当にとても励みになっていたと思います。それから、しばらくして、自転車に乗れなかったつまずきは克服し、友だちの前でも堂々とできるようになりました。親の励ましがあったからこそだと思いました。つまずいた幼児には、そのときの環境が克服の鍵だと思います。そのつまずきを見て、のがさず、やる気がもてるような言葉かけをするか、しないか、とでは、ずいぶん違ってきます。

Nさんの体験：私のように、水の中に無理やり頭を押しつけられると、水やプールがとても恐くなり、恐怖というものへの気持ちが一層広がっていきます。運動というものは、やはり自分自身が楽しんで行うことが一番だと思うので、そのためにも、幼児期から無理にさせるのではなく、自然にやりたいなと興味をもって運動を楽しむ環境を作ってやれたらいいなと思いました。そうすれば、幼児は、自分で楽しいと思い、興味をもったものには一生懸命にがんばって取り組むと思います。そんな気持ちを大切にし、あたたかく見守り、つまずいてしまった子には、励ますようにしていくべきだと考えます。

Fさんの体験：跳び箱が跳べなくてくやしい思いをしたことがありました。そのとき、私と同じように跳べない子が数人いたのですが、先生の対応といえば、跳べない私たちの

ことよりも、多数の跳べる子どもたちばかりの方についていたということです。そのときの思い出は、とても悔しくて、1日もはやく跳べるようになりたいと思っていました。だから、家に帰って、父に跳び箱になってもらい、練習したことを覚えています。先生としては、もう少し、跳べないでいる子どもに対しての対応を考えなければならないのではないでしょうか。子どもたちに運動の楽しさというものを知らせていき、運動に楽しんで取り組めるような環境を、指導者は作っていかねばならないと思います。

Sさんの体験：鉄棒の逆上がりや跳び箱ができなくて、何度もくり返し練習したものですが、できるまで練習につきあって励ましてくれた先生と、できないまま次の課題へと進めてしまう先生がいましたが、克服できないままだったものは、いまだに苦手だし、嫌いな運動になっています。

これらの調査の結果をまとめてみます。

(1) つまずきの場面では、水あそび・水泳、跳び箱、鉄棒、かけっこ、リレー、マラソンごっこ、登り棒、マット運動、ドッジボール、自転車乗り、なわとびの運動場面が主に取り上げられました。

(2) 子どもの気持ちを無視して、無理なことをさせたり、上手ではないのにみんなが集中して見るような場面を作らない等、子どもがまわりの目を気にせずに活動できる環境づくりが大切です。

(3) もし、子どもが失敗したら、皆で励ますことのできる雰囲気づくりと環境設定が大切で、運動が好きになれるような関わり方が必要とされ、それには、日頃より、運動することやからだを動かすことの楽しさ、大切さを第一に知らせることが必要です。

(4) できない子どもには、少しでも長く接し、自信がもてるように、成功をいっしょに喜び合うことが大切です。具体的には、現段階でその子ができるとされる課題より一段階やさしい課題を与え、それをこなすことができたときに十分に誉め、子どもに、「できた」という達成感を味わわせます。

(5) 運動の苦手な子どもであっても、その子の長所を見つけ、その良い点を他児に紹介することで、自信をつけさせます。

このような体験や思いを見てみますと、子どもたちは、ほんのちょっとしたことでも、悩んだり、傷ついたりしてしまうもので、指導者が悩んでいる子どもの気持ちに気づかないと、つまずいてしまった子どもは、ずっと、そのときの嫌な気持ちのままでいることが多いことがわかります。子どもの方が、自分で良い方向に転換できればよいのですが、幼児では、まだ自分自身で気持ちや姿勢の転換を図ることは難しいです。

理論編

　したがって、まわりの大人の理解と援助が大切といえます。まず、子どもが、こなせなくても、一生懸命にがんばっていたら、そのことを誉めてあげたり、励ましたりして、気持ちをプラス方向へもっていくことが重要といえます。子どもが、あまりにも運動することを嫌がっていたら、無理にさせるのではなく、できる範囲で取り組ませるのがよいでしょう。

　できないときも、できないことが悪いのではないことと、恥ずかしがらずに何回も練習をくり返すことの大切さを指導していけばよいといえます。そうしていくうちに、たとえできなくても、がんばってするだけで、何かをやり遂げたという満足感が得られたと感じられるようになるでしょう。

　とにかく、幼児期は、自由に飛んだり跳ねたりできるようになる頃ですが、まだまだ思うようにからだを動かせないことが多いのです。したがって、このような時期には、運動を上手にすることよりも、からだを動かすこと自体が楽しいと思えるように育てることが大切です。この時期に、運動に対する苦手意識をもたせることは、子どもたちのこれからの運動に対する取り組みを消極的なものにしてしまいかねません。

　また、指導者は子どもといっしょにからだを動かしたりすることが必要です。運動を得意ではない子どもであっても、からだを動かして汗をかくことは好きなので、からだを動かしていろいろな楽しみを経験させてやりたいものです。それも、指導者側は、子どもといっしょに動いて同じ汗を流すことが大切で、指導者の資質としては、子どもといっしょにできることを、どれだけ身につけているかが問われるのです。

　要は、つまずきへの対策として、幼児体育指導者は、できるだけ子どもの気持ちの理解に努め、勝敗や記録にこだわるのではなく、運動の楽しさを伝えられるような指導のしかたを工夫していくことが必要といえます。

（前橋　明）

2　運動のつまずきとその対策

　運動でのつまずき、運動の苦手意識をもった子どもへの指導は、まず、子どもが運動すること自体を嫌いになっている傾向があるため、運動することが楽しいと感じてもらえる運動プログラムを展開する必要があります。

　子どもの様子をよく観察して、つまずきの原因は何なのか、すぐに解決できる問題なのか、時間を要する問題なのかを見極めます。

基本が学習できており、技術的なポイントがわからない場合は、そのコツをアドバイスすると解決することも多いですが、たいていの場合は、基本的な運動能力不足や経験不足が原因となっている場合が多いといえます。このような場合は、まず基本の運動能力の向上を図る対策を考えていかねばなりません。例えば、逆上がりの指導において、自身のからだを全く支えられないほど、腕の筋力が明らかに不足している状態では、いくら技術的なアドバイスをしても、技の習得に大変な困難を要します。まず、腕の筋力を向上させる方法を考えるべきです。腕の筋力は、いくら効率よく向上させたとしても1日や2日ではアップしません。日々のあそびや生活の中で少しずつ育んでいかねばなりません。

　次に、つまずき経験をもった子どもの指導の中でとくに重要なことは、子どもの心の動き、すなわち、心理面について考慮しなければいけないことです。子どもの心理として、つまずきを経験している場合、もしくは失敗をして苦い経験や痛みを伴う経験をしている場合、その運動をすること事態に恐怖感、嫌悪感が発生しています。このような場合は、自身のからだを抑制した状態、すなわち、思い切って運動に挑戦できず、からだが硬くなっていると考えられます。指導者は、十分に子どもの心理を理解し、やる気にさせてから次の課題に進むことを心がけねばなりません。結果的に、楽しく運動をしていれば、その不足している運動形態が学習できるようなプログラムを考案する必要があります。

　運動の習得には、くり返し練習をすることが必須です。しかし、運動に対して嫌な思いを抱く子どもにとっては、指導者が必要な要素だと感じて練習を行わせたとしても、良い方向に導くことは難しく、トラウマ状態になりかねません。

　導入段階では、すぐには大事な要素とつながらなくてもよいので、子どもが楽しんで行えるレクリエーション的なあそびを多く行うようにしてみましょう。まず、指導者と子どもとの信頼関係を築き、子どもが指導者に安心して接することのできる環境を保障することが大事です。

　逆上がりを例にとると、ジャングルジムやうんていなどを使い、まず鉄棒が少しでも好きになるようなあそびを実施し、徐々に腕の力を向上させ、鉄棒で必要な逆さ感覚や回転感覚が身につくようにしましょう。

　指導者は、焦ってはいけません。時間をかけて入念に、「簡単なことを楽しく」という感じで、少しずつ、子どもの気持ちが前に向くように接します。

　子どもの心理として、とても嫌な鉄棒が、楽しいあそびを経験しているうちに、2～3か月後に鉄棒にぶら下がったら、以前よりからだが軽く感じられ、自分の思ったとおりにからだをコントロールできたとしたら、気持ちが前に向きます。そうなればしめたもので

す。ここまでが非常に大事で、また、時間を要する過程ですが、この段階をクリアーしてしまえば、子どもは意欲的に鉄棒に取り組むようになってきます。子どもの気持ちを理解することを一番に考え、楽しみながら不足している要素を補うような工夫をした運動の展開が望まれます。

3　運動のつまずきと運動の苦手な子どもへの指導

　子どもの運動習得の場面で、つまずき経験をもった子どもを指導する場合、どこに問題があるのかを分析し、分化したプログラムを考え、指導を実施します。ここでは、運動のつまずきの対策について、実例をあげて紹介します。

(1) 跳び箱の開脚跳びのつまずきの対策

　跳び箱を練習する場合、大きなポイントは3つあります。①踏み切り板の踏み方、②踏み切り～手をつくまで、③手をついてからのつき放しの3つです。

　この3つのポイントの中で、どこに問題が生じてつまずいているのかを分析する必要があります。そして、問題を解決するためには、それぞれ3つのポイントの中で、不足している要素を学習できる準備段階の運動を考えます。

1）踏み切り板の上手な踏み方につながる予備的な運動

　　体育館やプレイルームの床上の線（ライン）を見つけ、その線の上に両足を揃えて着地します。このとき、1～2歩の助走から、片足踏切で両足を揃えて着地します。上手に着地できるようになってきたら、着地した後にジャンプします。また、着地するところに、○や□等の目印をつけてもよいでしょう。ここまでの過程がクリアーされたら、実際に踏み切り板を使って、走ってから踏み切り板に両足を揃えて踏み込み、高くジャンプします。ジャンプした後は、棒ジャンプや空中グージャンプ、空中パージャンプ、空中回転ジャンプ等を行って遊んでみるとよいでしょう。最終段階では、低い跳び箱の1段を使い、踏み切り板をしっかり踏み込み、跳び箱の上にジャンプして立つ練習を試みてみましょう。

2）踏み切り〜手をつくまでにつながる予備的な運動

　丸めたマットを縦に置き、そのマットで開脚跳びを試みます。はじめは跳び越せなくても、そのマットの上に開脚で座ってみましょう。マットなら跳び箱と違い、恐怖感が薄れます。開脚跳びで、手をつくときに、ある程度、腰が高く上がった状態になっていないと、足が跳び箱に引っかかって危険な状態になることがあります。少しずつお尻を高くあげることを心がけてみましょう。お尻を頭より高くあげ過ぎないように注意しましょう。

　慣れてきたら、今度は思い切って前の方に手をつく練習をしてみましょう。次に、横向きの低い跳び箱の上に足を開いて立つ練習をします。腰を引き上げることを意識するには、この練習は大変効果的です。

3）手をついてからのつき放し

（手のつき放しが難しい場合は、足の移動に意識をもたせる）

　平均台を縦にして、開脚跳びをしながら、手よりからだが前に移動するように手のつき放し（手の押し）を意識する練習をしてみましょう。平均台がない場合、低い跳び箱を縦に重ねて行ってもよいでしょう。

(2) 逆上がりのつまずきの対策

　逆上がりのポイントは、①足の踏み込み〜振り上げ、②腕の引きつけ、③逆さ感覚・回転感覚の3つです。まずは、それぞれのポイントについて、どこが上手にできていないかを見極めます。また、これらのポイントの中で時間をかけて練習しないと身につかないのが、腕の筋力が必要な腕の引きつけです。準備段階の練習でしっかりと腕の力（支持力、懸垂支持力）の発揮のしかたを身につけてから、実際に逆上がりの練習にのぞんでみましょう。

　3つのポイントの中で、できない要素が一つでもあった場合、逆上がりをいくら練習しても、手が痛くなるだけで、なかなか上手になりません。または、できたとしてもスムーズにできません。あせらずに予備的な運動である基本の身につく運動あそびをしっかり行うことが一番の近道です。

　腕の力が強い子どもの場合、3つのポイントができなくても、技術を筋力でカバーし、逆上がりができる例もあります。生活の中で、自分のからだを支えられる筋力をつけておくことも、大切です。

　ここでは、各ポイントにつながる準備段階の運動を紹介します。まずは、これらの運動を繰り返し行い、ある程度、できるようになってから、実際に逆上がりの練習に取り組んでみてください。とくに、つまずきを経験している子どもの場合は、逆上がりの練習を行

第3章　運動のつまずきと子どもへの対応

うのではなく、腕の力や支持力をつける楽しいあそびを中心に行い、結果的に逆上がりに必要な要素が身につくようなプログラムを実施してください。

1）足の踏み込み〜足の振り上げにつながる予備的な運動

① 足の振り上げキック

右足か左足のどちらが前でもかまいません。どちらかの足は前、どちらかの足は後ろの前後に足を構えて立ちます。まずは、自分の顔の高さくらいをめどに足を振り上げてキックします。膝は少し曲げた状態で、足を上げようと意識します。どちらの足の方が振り上げやすいかを確認して、よく足が振り上がる方をくり返し練習してください。

実際に逆上がりを練習するときには、高く振り上がる方の足を後ろにして構え、その足を高く振り上げます。ボールや風船などの目標物を使って練習してもよいでしょう。

② ブタのまる焼きキック

鉄棒と平行になるように手と足を使って鉄棒にしがみつきます。まず、手で鉄棒を持ち、足を蹴り上げ、足が鉄棒に引っかかるように足を蹴り上げます。このときの蹴り上げが逆上がりの足の振り上げにつながります。ブタのまる焼き状態でキープしなくてもよいので、しっかりと上に足を振り上げることを意識してください。逆さ感覚も身につきます。絶対に手を離さないように指導してください。

2）腕の引きつけにつながる予備的な運動

① だんごむし（10秒程度）

腕を短く、しっかり曲げて、鉄棒からあごが出るか出ないところで、がんばってからだを止めてみましょう！友だちと競争してみましょう！遊びながら、次第に腕力がアップします。少し揺らした状態でできるようになれば、すごいです！

37

② ななめだんごむし（5秒程度）

鉄棒に腕を一番短く曲げて鉄棒に対してからだがクロスになるようにぶら下がり、その状態を維持させます。交差してぶら下がった状態です。手の持ち方は自由です。鉄棒より頭が少し出たところで維持させてください。

上手になってきたら、その状態で左右や前後に揺らしてください。手はどのように鉄棒を握ってもかまいません。2秒も維持できないようでは、腕の力が不足しています。

③ ツバメジャンケン

鉄棒の上に両手で支持をして、大人は前で普通にジャンケンをします。子どもはツバメ支持状態から足でジャンケンをします。順番を決めて、ゲーム形式で何回か勝つまで、くり返し遊んでみましょう！

④ ブタのまる焼きあぶり

ブタのまる焼きから、さらに横に振れるようにがんばります。手の力を右左と交互に力を入れ、肩を揺らしながら上半身～下半身の順に横に揺れ、振り子のように揺らします。

3）逆さ感覚、回転感覚につながる予備的な運動

① 布団ほしで逆さ感覚を身につけよう！

鉄棒に支持をした状態から、前に倒れて腰の位置で鉄棒をはさみ、布団ほし状態になります。

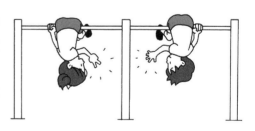

鉄棒に横2列、2人で同時に布団ほし状態になり、逆さ状態でジャンケンをします。

② 布団ほし～ツバメにもどろう

布団ほし状態から背中を丸め、ツバメ状態にもどります。このとき、背中を反ると逆に前への力が働き、前まわりになってしまいます。背中を丸め、腰、胸、肩の順に力を入れてみましょう。

鉄棒に支持をしたところから、前に回って布団ほし状態になります。そこからはじ

めはゆっくり支持の状態にもどります。上手になってきたら、すばやく布団ほし状態になったり、支持にもどったりをくり返します。2～3回、くり返して、最後は前まわりをします。布団ほしからもどるときは、背中が突っ張ってしまうと、逆に前に回転してしまうので、背中は丸くして胸を引き上げるようなイメージで行いましょう。

前回りで着地するときに、ドーンと着地しないように、ゆっくり音を立てないで下りるように指導してください。回転を速くしたり、遅くしたり、自分で調節できるようになるまで、繰り返し練習をさせましょう。

(田中　光)

[文献]
1) 前橋　明：運動の場で生じる子どもの悩みとその対応—幼児期を中心として—，幼少児健康教育研究 (4) 2, pp.37-44, 1995.

第4章

運動会の歴史と企画・運営

〔 前橋　明・原田健次 〕

1　運動会の歴史

　運動会の歴史を調べてみますと、1874（明治7）年3月21日、東京・築地の海軍兵学寮にて、イギリス海軍士官の指導で導入されたアスレチックスポーツ「競闘遊戯」会が最初のようです。この遊戯会の遊戯番付は、第1から第18までであり、行司（審判）は、英国中等士官シントジョン氏、下等士官シプソン氏、チップ氏の3名でした。種目の中には、現在の150ヤード走を「すずめのすだち」、幅跳びを「とびうをのなみきり」、高跳びを「ぼらのあみごえ」、棒高とびを「とんぼのかざかへり」、競歩を「かごのにげづる」、2人3脚を「てふのはなおび」等と呼んでいました。しかし、イギリス人がいなくなるとともに、止んでしまったようです。

　その4年後の1878（明治11）年、「少年よ大志を抱け」の言葉を日本の青年たちに残したクラーク博士の影響による運動会が札幌で行われました。それが、札幌農学校（後の北海道大学）の「力芸会」でした。この会は、第1回遊戯会と名づけられ、わが国最初の日本人による運動会として記録に残されています。力芸会と呼ばれたのは、実施した運動のことを「力芸」と呼んだことによるようです。

　種目には、100ヤード走、200ヤード走、10マイル走、1マイル走、半マイル走、走り幅跳び、走り高跳び、棒高跳び、ハンマー投げ、2人3脚、竹馬競争、提灯（ちょうちん）競争、蛙（かえる）跳び競争、じゃがいも拾い競争、食菓競争（パン食い競争の原型）等がありました。今日の陸上競技種目やレクリエーション的種目も採用されていたことから、札幌農学校の運動会でとりあげられたタイプの種目は、今日までの長い間、親しまれ続けていることがおわかりでしょう。また、じゃがいも拾い競争や食菓競争が行われたということは、農民の生活やあそびが積極的に種目としてとり入れられた様子がうかがえます。

　現在の日本の学校における「運動会」というものの模範となり、全国的に広く影響を与えた運動会の起こりというと、やはり、当時、巨大な権威と権力が集中していた東京での運動会ということになるでしょう。

　1883（明治16）年、英人ストレンジ教授の尽力により、東京大学にて運動会が

開かれました。このストレンジ教授は、日本体育界の恩人ともいうべき人で、彼の指導によって、わが国の学校体育の萌芽期に外国のスポーツが学校生活にとり入れられただけでなく、運動会が学校行事として確固たる地位を占めるまでに発展させたという貴重な功績を残された人です。

東京大学の運動会は、学部、予備門合同の陸上運動会で、その種目は、100ヤード走、220ヤード走、440ヤード走、880ヤード走、ハードルレース、走り幅跳び、走り高跳び、棒高跳び、クリケットボール投げ、砲丸投げ、慰め競争（敗者による競争）で、今日の陸上競技大会に似ており、レクリエーション的種目は見られませんでした。

また、この運動会には、次のような競争者心得がつくられていました。

1．競走ハドラノ音ヲ以テ発スルコト
1．競走ノ長サハ埓ノ内規リ（ライン内の距離のこと）ニテ量ルコト
1．各競技ヲ始ムル前ニ鈴ヲ嶋ラシムベシ
1．杵飛（棒高跳び）、長飛（幅跳び）、高跳び、クリケット玉投ケ方、大砲玉（砲丸）投ケ方、槌（ハンマー）ノ投ケ方ハ各競技者二度宛其技ヲ試ムルヲ許ス
1．競技中故意ニ他ノ競技者ノ妨ヲナスモノハ当日中総テ他ノ競争ニ入ルヲ禁ズベシ

以上の心得は、競技というものが、公平に、かつ公正に、はっきりとしたルールによって行われるべきであるというストレンジ教授の考えをあらわしたものといえるでしょう。

ストレンジ教授の考え方は、1884（明治17）年に開かれた東京大学レースクラブの「ボートレース」のときにも、はっきりと示されていました。一例をあげてみますと、勝った者に賞品を与えず、その代わりに、メダルを授与したことです。日本人的感覚からいくと、勝者に対し「よくやった、ほうびをとらせるぞ」という昔からの伝統的なやり方で競技の気分を盛り上げることが普通ですが、ストレンジ教授は、当時の日本人に対し、次のようなことを教えてくれました。

(1) 苦労して練習し、全力をあげて試合をすること
(2) きちんとしたルールにしたがって、公平・公正に試合をすること
(3) 試合の記録を大切にすること
(4) 賞品をあてにしないこと

つまり、賞品をめあてとしないで、競技すること自体に価値があること、そのためには、正確な計時や記

録を残し、公正でかつ公平に競技をすすめなければならないということでした。

このときの考え方は、日本のスポーツ界に強い影響を与えており、日本のアマチュアスポーツの基礎ともなった考え方だと思います。

1886（明治19）年5月19日、東京大学の競技運動会が行われました。競技運動会の種目としては、競走、クリケット、球投げ、高跳び、砲丸投げ、幅跳び、棚飛び競走（ハードル走)、棒飛び、槌投げ、三脚競走、慰め競走などがあり、今日の運動会よりは陸上競技会というべきもののようでした。

1887（明治20）年、帝国大学の渡辺洪基総長は帝国大学春期短艇競漕会での祝辞の中で、日常生活における正しい運動のあり方と人間としての心身の調和的発達のための正しい運動の必要性を強調しました。そして、特定の日にこれを全員が実行し、その具体的な姿を広く、多くの人にも見せるということは意味があると訴えました。

さらに、祝辞の最初に、春と秋の二季に運動会を行うことを告げ、水陸の運動を奨励しました。これが、定期的行事としての運動会のはじまりともいえるものです。

1888（明治21）年、石川県の各学校は、文部大臣森有礼の学校視察の歓迎準備のために、子どもたちに兵式体操を練習させ、同年の春に金沢市、石川郡、河北郡の一市二郡の小学校児童の連合運動会を開きました。そして、10月の視察の際、大臣の臨場する運動会を第2回とし、秋季の連合運動会を開きました。場所は、金沢市の北の海岸である普正寺の浜でした。そこで、大臣に見せたのが隊列運動と亜鈴運動、徒手体操、木銃と背のうを担った運動と行進で、それは本物の軍人に負けないようなきびきびとした動作で、大臣が大変ほめ、喜んだそうです。

森有礼大臣が奨励した、こういう運動会の形式は、長く日本の小学校に生き続けました。例えば、運動会の練習では、運動場への入退場をやかましくいう風習が、今日でも多くの学校で行われているのも、そのなごりといえそうです。

森有礼大臣が学校教育の中に兵式体操を奨励し、軍隊的な形式を導入した理由は、すすんで行動しようという国民性をつくりあげるのに、軍隊のやり方を利用するのが一番良いと考えたからでしょう。言いかえれば、日本国民に従順、友情、威儀の徳を身につけさせるとともに、軍隊の忠誠という精神の中に統一国家としての日本のイメージをいだいていたのでしょう。さらに、そのことは、後の学校教育と体育の軍国主義化への道を切り開くものであったようです。

こうして、集団行動訓練としての兵式体操奨励と、1894（明治27）年からはじまった日清戦争での戦意高揚策、1900（明治33）年3月に公布された小学校令による遊戯の重

視などによって、運動会は急速に小学校へ普及していき、学校での代表的な行事の一つになっていきました。

小学校の運動会は、当時、学校規模が小さかったせいか、近隣の学校が集まって行う連合運動会が多かったようです。そのため、競争心を通じての士気高揚の図れる学校対抗や紅白対抗などの方式が多くとり入れられていました。なお、運動会に出場するために、各学校がその会場に歩いて集合していたことが、「遠足」のはじまりとなっています。

しかし、明治の末から大正期にかけては、体操の重視により、各小学校に体操場が設備されたり、小学校への就学率が増えて、学校規模が大きくなっていったため、各小学校単位で運動会を開催することが可能となり、学校対抗の競技会形式よりも学校内における学年対抗や校内のレクリエーション的な色彩を帯びる形式になってきました。

また、家族や地域住民の参加も容易となり、地域住民の関心をひときわ集めるようになってきました。つまり、当時の運動会は、子どもたちや教師ばかりでなく、保護者、その他の関係者が集まって楽しく一日を過ごすとともに、一体の感を体得して親睦を深めることを目的とするようになってきたのです。そして、運動会は、次第にその学校の最大の催し物として発展し、地域住民の行楽の日となるとともに、お祭りの日の形ともなっていったのです。とくに、お祭り的になっていった大きな原因は、明治末期から行われだした地方改良にあるのではないかと考えます。以前は、「村の鎮守」単位で行われていた祭り等の活動も、行政村単位の中で設立された小学校が、村の鎮守の代理機能をはたすことができるようになったからでしょう。

つまり、地方改良との関連で、村の鎮守が変質し、行政村社の祭りを補うものとして、小学校の運動会が地域の人々からの関心を大きく集めたのではないかと考えます。

こうして、日本の運動会は、地域社会に開かれた祭り的色彩をもちながらも、富国強兵のための基礎教育活動として、さらに発展していったわけですが、この頃になると、以前の武士の子も、農民の子もいっしょに活動する世の中になってきたわけですから、運動会の中にも当然、農民の伝統行事の応用の種目と武士の格闘的競技の応用の種目を、共に見ることができることに注目していただきたいのです。

農民の伝統行事の応用として、その年の米の作柄を占う神事の一つとして発生したもの

が綱引き、武士の格闘的競技の応用として旗差物を奪い合う武士の競争に起因するものとして発生したのが騎馬戦です。とくに騎馬戦は、士気高揚の格闘的競技としての改良案として、当時では、大変重要な競技であったように感じます。

　また、大正中期頃からは、運動会において、万国旗の使用が定着し、明治以降の日本人の外国に対する深甚な関心のありようを示しているようです。港に停泊している外国船の国旗が風に揺られながら、色とりどりの美しさを見せてくれ、とてもきれいだったのでしょう。そして、その光景を見ながら、外国に対するあこがれや強い関心をもつようになり、学校の運動会の飾りつけにも、その美しさを、これまでのちょうちんによる飾りつけに替わって用いだしたのです。

　こうして、運動会は伝統的な遊戯的要素を盛り込んだ地域社会の行事となり、外国流のスポーツや競技大会と日本の伝統との結びつきを深めていきました。今日でも、この形式のものが大部分を占めています。とくに学校は、社会施設の一つであり、運動会は、地域社会と学校を結ぶ機会であることから、運動会の企画や運営に際しては、地域社会との結びつきを考えることは有効であり、必要でもあることが、日本の運動会では重要視されているようです。

　ところで、幼稚園での運動会の歴史についての文献や資料はなかなか見られませんが、1876（明治9）年に、東京女子師範学校（現在のお茶の水女子大学の前身）に附属して幼稚園が開設されて体操遊戯が行われていますから、その後、運動会が開かれているものと考えられます。

　記録に残っている古いものといえば、徳島大学附属幼稚園70年史に「明治29年8月、春秋両期に運動会を挙行する。本年は、とくに遊戯具、運動具を増加する」とあり、運動会に必要な用具が整備された記録が残っています。

　また、お茶の水女子大学附属幼稚園の歴史の中に、1926（大正15）年7月「秋の運動会は、女高師と附属校園の合同で、陸軍戸山学校運動場で行われた」という記録も残されています。

　幼稚園や保育園での運動会は、日本の教育の流れ、とくに小学校での教育の影響を多分に受け、今日に至っています。

（前橋　明）

2　運動会の企画と運営

　運動会に参加するすべての人は「楽しい一日であってほしい」と願っています。その願いを具現するために、保育者は、あの手この手でいろいろな「アイデア」を出し合い、運動会を企画します。そして、日々の保育の中で子どもに「向き合って」いきます。

　本節は、本番での「アイデア」はもちろん、本番に向けての保育の取り組み方（あそびの導入のしかた）をわかりやすく具体的な実践を通して紹介してみます。

(1) 本番までの取り組み
1) 子どもの意欲につながるエンドレス形式（経験量）

　例えば、リレーです。よく見かけられるのは、クラスを2チーム（約15名）に分け、目標物を回ってくる旋回式のリレーです。子どもは15回に1回の割合でしか回ってこないので、当然、「バトンでのつながり感・一体感」を実感することはできません。

　「つながり感・一体感」をもつには、まずは少人数（4〜5人）から、エンドレス形式（時間制限）で行うのがよいでしょう。少人数で行うと、「自分の番」「次が自分の番」と役割がすぐにかわり、活動に集中します。黙っていても、自分のチームのメンバーを意識し、「速く速く、がんばれ」と応援する姿がみられます。

　エンドレスリレーの次は、少人数の「リレー競走あそび」を楽しみましょう。少人数なので勝敗がすぐにつき、リレーのやり方が簡単にわかります。ただし、「勝ち負け」に関しては丁寧に行うことが大切です。

　本番一週間前には、朝の自由あそびで「リレーあそび」が展開されることでしょう。その時には、1チームが15名以上になっても、みんなで応援する姿が見られ、バトンでのつながり感を実感できるはずです。

2) 一人での達成感からみんなでの達成感へ（仲間づくり）

　例えば、「組体操」です。一人でからだを支え、バランスをとることができれば、今度は2人組で挑戦します。成功すれば、「ヤッター」と喜びます。ペアを替えることで、いろいろな仲間と達成感を感じることができます。

　さらに人数を増やすことで、グループでの一体感を感じたり、また、自己主張から仲間同士でトラブルが起こったりします。喧嘩やトラブルは起こってほしくないと思いがちですが、実はこのトラブルが子どもの成長には不可欠です。保育者の関わり方には十分

な配慮が要りますが、「自分たちで問題を立て直そうとしている姿」をみると、保育者としての喜びを感じることでしょう。その展開の仕方（指導）に、「保育の専門性」が求められます。

また、ケガが起こらないように、正しい動きを身につけることが大切です。乗ったり、支えたり、これらの動きは一つ間違えると大きなケガにつながります。このことを充分に子どもに話し、「ルールを守ること」で「喜び、楽しさ」を感じるということを、子どもが理解することが大切です。

あそびを通して、子どもたちはいろいろな形ができるようになってきます。自分たちができたことをたくさんの人に見てもらいたいという気持ちが育ってきます。演技として発表するのなら、保育者は子どもと向き合い、「あそび」と「オケイコ」の気持ちの転換期を経験することも大切なことです。

3）「オケイコ」っていけないこと？

本番前に、必死に教えこむ保育者の姿をよく見ます。その時の子どもの姿は……。保育者と子どもとの関係が上手くいっているときといっていないときとでは、何が違うのでしょうか。保育者の「思い・願い」をいかに子どもたちと共有するかがポイントとなります。

(2) 本番でのアイデア

1）3歳児のポイント

年齢的にも、「力いっぱい走っている姿」が一番映えます。ヨーイドンの合図でスタートを切る工夫が大切です。スタートに台を使い、飛び降りて走るといった工夫や、ゴールで新聞やぶりやダンボール倒し等を行うと、スピード感が出るとともに、子どもが意欲的に取り組めます。

2）4歳児のポイント

1人で競い合うかけっこや障害物競走以外の競技種目は、2人組以上にして、協力している様子がわかるようなものがよいでしょう。また、リレー競技の場合は、子どもの競争意識が少しずつ育ってくる時期なので、保育者が「勝ち・負けあそび」をいっしょに楽しみながら進めていくとよいでしょう。

3）5歳児のポイント

2人組以上の競技には、年長児らしく「状況に応じて、自分で判断し、行動する」ことができるものをねらいにするとよいでしょう。また、前転からダッシュといった「からだ

のキレ」や「力あわせ」が見られるものを競技に取り入れることが大切です。リレー競技では、「私たち（僕たち）のチーム」といったチーム意識を育てるようにすすめることが大切です。

4）親子競技種目のポイント

親子2組（4人）以上が1グループになるような種目がおすすめです。また、抱っこやおんぶといったスキンシップを自分の親以外の人にしてもらう経験ができるのは、保育現場ならではのものです。大人の力はもちろん、子どもも年齢に応じて充分に力を発揮ができることがポイントです。

5）保護者競技のポイント

1回で終わるより、何度も参加ができる種目がおすすめです。エンドレス形式（制限時間内に何回できたか）なら動く機会も増え、くり返すほどに腕前が上がり、チーム内で達成感を感じることができます。また、エンドレス形式では、人数の若干の違いがあっても問題ありません。人数調整で時間を取られることはなくなります。

（原田健次）

第5章 発達障がい児の体育

〔 本保恭子 〕

理論編

　初級編では、従来の特殊教育の対象であった知的障がい、肢体不自由、視覚障がい、聴覚障がい、病・虚弱の子どもたち及び2005（平成17年）年度から特別支援教育の対象として加えられたLD（学習障害）児、ADHD（注意欠陥／多動性障害）児、高機能自閉症児の体格や体力の特徴、抱えている困難さと運動指導について、障がい別に概説しました。中級編では、保育所・幼稚園、小学校の通常のクラスや体育教室、YMCA等で必ず出会う、からだの動かし方がぎこちなく不器用な子どもたちの指導を重点的に説明します。

　落ち着きがなく不器用で集団活動が困難な「発達障がい」と呼ばれるLD（学習障害）児、ADHD（注意欠陥・多動性障害）児、高機能自閉症児は、現在わが国では6.3％いるといわれています。例えば、「パニック・かんしゃく」を起こす子どもたちの中には、注意欠陥多動性障害、広汎性発達障害（自閉症の疑い）、自閉症、軽度知的障害、被虐待が原因であることがあります。「落ち着きがない・多動」の原因としては、気質、広汎性発達障害、自閉症、学習障害、知的障害、被虐待、その他（アレルギー、聴覚障害、てんかん、脳腫瘍、強迫神経症など）が考えられています。これらの子どもたちの運動指導にあたっては、保護者の養育態度、専門機関（病院、施設、集団保育の場、学校）の対応を踏まえて行われることが前提となります。

1　身体意識を養う ―感覚あそびから、からだ全体の運動へ―

　からだに触れたものに過敏に反応したり、歩いたり走ったり跳んだりする動きがぎくしゃくしている、スキップや縄跳びができない、ボール運動が苦手であるといった子どもたちには、身体知覚に問題がある場合が多くみられます。これは感覚統合に問題があるということで、触覚およびからだの向きや傾きを感じ取る感覚器官と、それに応じてからだを動かす筋肉や関節の連携がスムーズに行われず、自分のからだの動きや方向を把握できなくなっているのです。そのために、からだの動きがぎこちなくなったり、からだ全体を協調させる運動が難しくなったりします。

　そこで、このような子どもたちには、まず触覚による刺激を促すことが基本となります。触覚受容器への刺激は、脳で処理され、私たちが外界を知るための弁別的な触覚機能へと高まっていきます。また、刺激に対してからだを動かすことにより立ち直り反応が促進され、身体意識の形成が促されます。さらに、触・圧刺激は情緒の安定にも効果があります。次の段階として、からだの動きを意識的に言葉で言わせたり、考えさせたり、見せたりしながら、模倣や自らの活動をさせることが必要となります。そのような日常的な積

み重ねが身体意識を養い、全身を使ったスムーズなからだの動きにつながっていきます。以下に、有効な感覚あそびや運動あそび、活動の一例を示します。

(1) 触・圧刺激を用いたあそびを多くさせる

- 風や熱（ドライヤー）、水や湯（シャワー）—風や水の勢いを調節することにより、様々に刺激の強さを変化させ、触感覚を促進する。
- 水あそび、ボールプール、砂あそび（砂、泥、ボールの代わりに、紙、スポンジ等）
- フィンガーペインティング、スライム、粘土などの感覚あそび
- マットレスや布団の上に寝かせ、さすったりくすぐったりする。
- マットレスや布団の間に子どもをはさみ、指導者が上から軽く

押さえて触・圧刺激を与える（過敏に反応する子どもには、背臥位よりも腹臥位にして、足などからだの抹消部から刺激を与えていく——末梢の触・圧刺激は覚醒水準に影響を与えるとともに、快・不快の情動を引き起こす）。

（2）回転、加速度、揺れ、上下の動きを感じたり感覚を刺激するようなあそびを多くさせる

前庭感覚、固有感覚の統合に効果があり、頸およびからだの立ち直り反応も促進します。

・トランポリン、滑り台、傾斜のマットでの転がりあそび　等

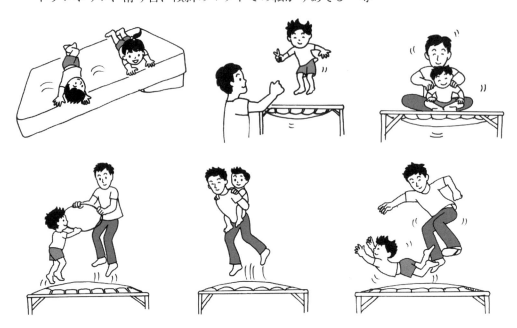

（3）遊具に合わせたいろいろなからだの動かし方を体験させる

・サーキット（平均台、トンネル、はしご、マット　等）

（4）身体知覚を高めるあそびやゲームを取り入れる

- ボールのかわりに風船を使って、からだのいろいろな部分で運んだり突いたりする。
- ボールの弾みに合わせてからだを動かす。人のポーズや姿勢の模倣あそびをする。
- 音楽に合わせた姿勢の変換あそびをする（リトミック等）。
- 各自が背中につけたリボンを取り合う。
- 的あてゲームやボウリング等を取り入れ、ボールの扱い方に慣れさせる。

【手先の不器用さとの関連において】

　小さな物を指先で掴めない、閉じた丸が描けない、ボタンがとめられない――これらも、いわゆる感覚統合に問題があるために起こる現象です。目から入る刺激を受け取り、からだの動きへと伝える器官の連携がスムーズに行われないため、細かな運動をコントロールすることが困難になっているのです。このようなときは、手指を使うあそびを取り入れて、いろいろな感覚を発達させるような動作の訓練を行うことが必要となります。例えば、指あそびや粘土（小麦粉やスライムから固い粘土へ）、積み木など、びんのふたの開け閉め、折り紙、はさみ（利き手と調整手との使い分けができるような活動）、買い物の荷物持ち、食器洗い等の活動です。

　ただし、基本的な考え方として、手先が器用になるには、その前提条件として体幹がしっかりし、肩やひじの動きが滑らかでなければなりません。ですから、手先の不器用さの改善についても、まずはからだ全体の運動発達を心がけなければなりません。

2　平衡感覚

　でんぐり返りや片足とびができない、階段を一段一足の交差パターンで降りられない、
　小学生になっても片足立ちができない、ブランコで立ちこぎができない、線上を歩いたり走ったりできない、といった子どもには、重力に対して自分のからだをまっすぐに保つという「立ち直り反射」や「平衡反応」を強化することが重要で、そのようなあそびを多く取り入れます。

　また、前述した身体知覚に問題があると、自分の空間的位置をとらえることと、それに応じたからだの動かし方がスムーズに行われないので、高いところや不安定なところを恐がることがあります。そのような子どもには、全身運動を取り入れ、ボディーイメージ（自分のからだの大きさや長さ、幅などがこれくらいという感覚）をつくらせたり、逆さ

感覚を育てたりしながら恐怖心を取り除くようにします。
・高い高い、ぐるぐる回し（逆さ感覚をつかませる）
・大玉乗り、ハンモック、ゆりかご（不安定な位置に慣れさせる）
・平均台や床に置いたロープに沿って歩かせる。
・鉄棒、ハンモック、トランポリン等を使って、回転したり激しく動いたりした後で、からだのバランスが保てるようにする（立ち直り反射の促進）。
・小さくなって鉄棒の下をくぐったり、物をよけて進んだりするゲーム　等（自分のからだの大きさを感じ取らせる）

3　多　動

　落ち着きがなく目が離せない、手が離せない、短時間に次々とあそびを変える、自分の順番を待てない、着席行動がとれず、授業中立ち歩く等の多動に対しては、規制だけでは改善は望めません。かといって決定的な指導法があるわけではありませんので、子どもの様子を見て以下のような活動を選択し、組み合わせて20〜30分行うと効果的です。

1）感覚を調整する
　　ごろごろ
　　横転（マット）
　　乾布まさつ
　　人間ブランコ

2）からだのイメージをつくる
　　椅子くぐり
　　椅子わたり
　　ひもまたぎ
　　ひもくぐり

3）合図に合わせて動く　ルールを設定
　　上体おこし　　スクワット

4）静止する　待つ
　　寝かせ　　バランスボール

5）過緊張をゆるめる
　　リラックス運動（力抜き）　　押しゆるめ　　あぐらそり
　　足ゆらし

6）バランスをとる
　　片足立ち　　つま先歩き　　かかと歩き　　膝立ち後ろそり

7）ゆっくり動く
　　スロースクワット
　　高ばい（で歩く）

8）協応運動

ニワトリ歩き　　四つばい

お船

9）一定のペースで動き続ける

姿勢変換　　大人といっしょに歩く

10）用具を上手に使う

足でのわなげ　　キャッチボール　　ボウリング

なお、指導にあたっては、次のようなことに配慮します。

- あらゆる刺激に対して平等に反応してしまうので、無用の刺激を与えない。気が散りやすいのでに不必要な物は置かない。
- メリハリをつけるため、好む活動と苦手な活動の順序に配慮する。とくに集中させたい活動は、最後にもっていく。
- 体育館やプレイルーム等での活動の場合、自分の居場所がわかるように印を与える。

　　（例）フープを置く

　　　　　座って待つとき

　　　　　その場で行う活動のとき

　　　　床にテープを貼る

　　　　　ある程度の範囲を動いて活動するとき

- 目標を達成した姿が見られたら、その場ですぐ大いに誉める。

（多動の子どもは、物事をするのに行き当たりばったりになる傾向があるので、このような好ましい行動が見られたときは大いに誉める）

- 衝動的に行動する前に、これから自分がする行動を言葉で表現するように習慣づけることで、行動のコントロールがしやすくなる。
- 活動の始まりと、終わりをはっきりと知らせる。

指導したことでパニックを起こしかけたときは、その場から遠ざけ、気持ちが落ち着くのを待って静かに話しかけ、落ち着いた後、活動を続けます。その子どもの実態に合わせて、最初は短時間を目標にし、徐々に時間をのばしていくとよいでしょう。

[文献]
1）尾崎洋一郎他：学習障害（ＬＤ）及びその周辺の子どもたち―特性に対する対応を考える―，同成社，2002.
2）坂本龍生：障害児を育てる感覚統合法，日本文化科学社，1993.
3）高橋純，藤田和弘：障害児の発達と　ポジショニング指導，ぶどう社，1986.
4）坂本龍生・花熊　暁：新・感覚統合法の理論と実践，学習研究社，2000.
　　河添邦俊：障害児の体育，大修館書店，1981.
5）小林芳文：乳幼児と障害児の発達指導ステップガイド，日本文化科学社．1987.
6）ジェムコライブラリー：落ち着きのない子どもたち―多動症候群への理解と対応―　第2巻　指導編，ジェムコ出版，2001.

第6章 体力・運動能力測定の実際

〔生形直也〕

1 体力・運動能力の構成要素

体力・運動能力は、「からだを積極的に働かせる能力にあたる行動体力」「走る、跳ぶ、投げる能力にあたる基礎的運動能力」、そして、「歩数を指標にした運動量にあたる身体活動量」から構成されます。測定項目は、図6-1に示すように、各構成要素に対応しています。

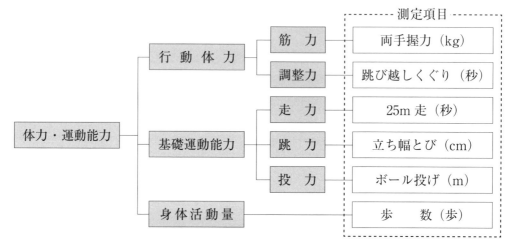

図6-1　体力・運動能力の構成要素

2 測定項目

(1) 両手握力

筋力をみるために、全身筋力との相関が高いと言われる握力を測定します。握力測定は、通常片手で行われますが、幼児の場合には、まだ非力であるため、握力計の握りを両手で握らせて測定します。

1) 準　備

　小児用握力計

2) 方　法

① 握力計の握りは、写真6-1のように両手を並べて握っても、重ねて握っても、子どもの握りや

写真6-1　両手握力

すい方法をとります。

② 握りに直接ふれる、人差し指の第2関節がほぼ直角になるように、握りの幅を調節します。

③ 直立の姿勢で両足を左右に自然に開き、腕を自然に下げ、握力計をからだや衣服に触れないようにして、力いっぱい握りしめます。この際、握力計を振り回さないようにします。

3）記　録

① 実施は、疲れるため、原則1回とします。不慣れな場合や失敗した場合、2回目を実施して、良い方の記録をとってもよいことにします。

② 測定は1／10kg単位とし、1／10kg未満は切り捨てます。

4）実施上の注意

① 2回実施する場合、同一被測定者に対して続けて行わないようにします。

② 握力計は、測定範囲が50kg以下の小児用を使用します。

(2) 跳び越しくぐり

からだを、すばやくバランスよく巧みに動かす能力、すなわち、調整力をみます。膝の高さに張ったゴムひもを両足で跳び越したら、すぐにひもの下をくぐって、もとの位置にもどります。この動きをすばやく行えるかを測定します。

1）準　備

ゴムひも（2m）、支柱2本、スタート合図用旗、ストップウォッチ

※写真6-2のように、支柱の代わりに椅子を使用する方法もあります。

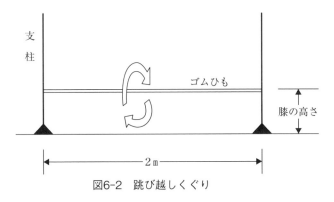

図6-2　跳び越しくぐり

写真6-2　跳び越しくぐり（1）

2）方　法

① 平坦な地面上に図6-2のように支柱2本を立て、その間にゴムひもを被測定者の膝の高さに張ります。

② 両足でひもの上を跳び越したら、すぐにひもの下をくぐって、もとの位置にもどるのを1回とします。このように、ゴムひもを跳び越してはくぐる動きを5回行い、何秒間でできるかを測定します。

③ スタートの合図は、ゴムひもの前に立たせて「用意」の後、音または声を発すると同時に、旗を下から上へ振り上げることによって行います。

④ ゴムひもを越えるときは、またがないで両足でジャンプさせます。

⑤ ゴムひもをくぐるときは、ゴムを手でさわらないようにさせます。

写真6-3　跳び越しくぐり（2）

3）記　録

① スタートの合図から、5回目で全身がひもの下をくぐり抜ける時点までに要した時間を計測します。

② 記録は1／10秒単位とし、1／10秒未満は切り上げます。

③ 実施は、1回とします。

4）実施上の注意

① 補助者2人が支柱を支える等、支柱が倒れないように留意します。

② からだが大きくなってくると、跳び越しからくぐる動きの切り替えがうまくできないこともありますが、できるだけ早く動くように促します。

(3) 25m走

基礎的運動能力である走る能力を測ります。幼児の場合は、まだ非力のため、走行距離を25mとします。

1）準　備

幅1m・長さ30mの直線コース（2）、スタート合図用旗（1）、
ストップウォッチ（2）、白石灰

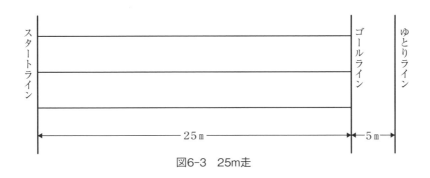

図6-3　25m走

2）方　法

① 1人で走ると途中で立ち止まったりするために、できれば2人同時に走らせて測定します。
② スタートは、スタンディングスタートの要領で行います。
③ スタートの合図は、「位置」について「用意」の後、音または声を発すると同時に、旗を下から上へ振り上げることによって行います。

写真6-4　25m走

3）記　録

① スタートの合図から、ゴールライン上に胴（頭、肩、手、足ではない）が到達するまでに要した時間を計測します。
② 記録は1／10秒単位とし、1／10秒未満は切り上げます。
③ 実施は1回とします。

4）実施上の注意

① 転倒に配慮し、園庭や運動場など、安全な場所で実施します。アスファルト道路上では実施しないようにします。
② 走路は、セパレートの直走路とし、曲走路や折り返し走路は使わないようにします。
③ ゴールライン前方5mのゆとりラインまで、まっすぐ走らせるようにします。
④ ゆとりラインに補助者が立ち、迎えるようにするとよいでしょう。
⑤ ストップウォッチの押し方は、親指の付け根の下の「手の腹」で押すようにします。親指で押すと、正確性に欠けます。
※ 25m＋ゴール後5mの直走路を確保できない場合には、20m走とし、計測値の1.2

倍を仮の記録とすることも可能です。

(4) 立ち幅とび

基礎的運動能力である跳ぶ能力を測定します。

1) 準　備

・屋内で行う場合

　マット…2m以上、巻き尺、ラインテープ

　マットを壁につけて敷きます。

　マットの手前の床にラインテープを張り、踏み切り線とします。

・屋外で行う場合

　砂場、巻き尺、ほうき、砂ならし、白石灰

　砂場のふちに踏み切り線を引きます。

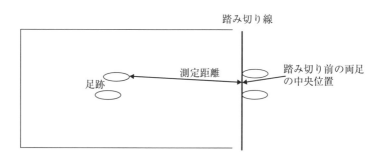

図6-4　立ち幅とび

2) 方　法

① 両足を軽く開いて、つま先が踏み切り線の前端に揃うように立ちます。

② 両足で同時に踏み切って前方へ跳びます。

3) 記　録

① からだがマット（砂場）に触れた位置のうち、最も踏み切り線に近い位置と、踏み切り前の両足の中央の位置（踏み切り線の前端）とを結ぶ直線の距離を計測します。

② 記録はcm単位とし、cm未満は切り捨てます。

写真6-5　立ち幅とび

③ 2回実施して良い方の記録をとります。
4）実施上の注意
① 両足の同時踏み切りで、腕を振ってできるだけ遠くに跳ぶようにさせます。
② 踏み切りの際には、二重踏み切りにならないようにさせます。
③ 屋内で行う場合、着地の際にマットがずれないように、テープ等で固定するとともに、片側を壁につけます。滑りにくい（ずれにくい）マットを用意します。
④ 屋外で行う場合、踏み切り線周辺、および、砂場の砂面はできるだけ整地します。
⑤ 踏み切り前の両足の中央の位置を任意に決めておくと、計測が容易になります。

(5) ボール投げ
　基礎的運動能力である投げる能力を測定します。
1）準　備
　硬式テニスボール（直径6.54㎝〜6.82㎝、重さ56ｇ〜59.4ｇ）、巻き尺、白石灰
　平坦な地面上に直径2ｍの円を描き、円の中心から投球方向に向かって、中心角30°以上になるように直線を2本引き、その間に同心円弧を1ｍ間隔に描きます。

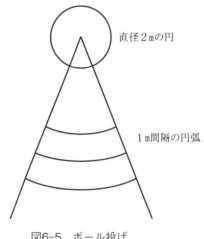

図6-5　ボール投げ

写真6-6　ボール投げ

2）方　法
① 投球は地面に描かれた円内から行います。
② 投球中または投球後、円を踏んだり越したりして、円外に出てはいけません。
③ 投げ終わったときは、静止してから円外に出ます。

3）記　録
① ボールが落下した地点までの距離を、あらかじめ1m間隔に描かれた円弧によって計測します。
② 記録は1／10m単位とし、1／10m未満は切り捨てます。
③ 2回実施して良い方の記録をとります。

4）実施上の注意
① 投球のフォームは自由ですが、できるだけ「下手投げ」をしないように伝えます。また、ステップしたり、足を前後に開かせて、上に投げさせた方がよいでしょう。
② 30°以上開いた2本の直線の外側に、石灰を使って距離を表す数字を、地面に書いておくと便利です。

(6) 歩　数
日中の歩数を計測することにより、運動量にあたる身体活動量をみます。幼稚園の場合は、午前中の園内歩数を、保育園の場合は、午前午後の園内歩数を計測します。

1）準　備
被測定者となる子どもの人数分の歩数計を用意します。歩数計は、カバー付きで、装着した際に外れにくいタイプのものがよいでしょう。

2）方法
① 歩数計を0にリセットします。
② 歩数計をズボンのふち、左腰の位置に取りつけます。

3）記　録
① 幼稚園の場合は、午前9時から午前11時までに計測された歩数を、保育園の場合は、午前9時から午後4時までに計測された歩数を記録します。
② 記録は、1歩単位とします。
③ 実施は、1回とします。

4）実施上の注意
測定日は、雨天の日、特別な行事の日を避けます。必ずしも、全員が同一日に実施する必要はなく、組ごとに実施してもよいでしょう。ただし、組ごとの活動内容に違いのない日（曜日）を選んで実施するようにします。

3 実施上の一般的注意

(1) 体力測定の実施にあたっては、被測定者の健康状態を十分把握し、事故防止に万全の注意を払います。とくに、医師から運動を禁止、または制限されている園児はもちろん、当日、からだの異常（発熱、倦怠感など）を訴える幼児には行わないようにしましょう。なお、新入園児については、健康診断実施後に行ってください。
(2) 体力測定は定められた方法のとおり、正確に行ってください。また、年少組の場合は、あらかじめ体力測定運動にあそびとして、慣らしておくことが望ましいでしょう。
(3) 体力測定前後には、適切な準備運動、および、整理運動を行ってください。
(4) 事前に、体力測定場の整備、器材の点検を行ってください。
(5) 体力測定の順序は定められてはいませんが、負荷のやや重い25m走は、最後に実施するとよいでしょう。
(6) 計器（握力計、ストップウォッチ等）は正確なものを使用し、その使用を誤らないようにします。すべての計器は使用前に検定することが望まれます。

[文献]
1) 文部科学省：新体力テスト実施要項（6歳～11歳対象）
[写真提供]
岡山県　作陽保育園

付録6-1 体格・体力測定記録表（例）

年度　体格・体力測定記録表　　　　　　　　　月　日（　）天候：　　　　　月　日（　）天候：

番号	氏名	性別	年齢 年　月	身長 (cm)	体重 (kg)	両手握力 (kg)	跳び越しくぐり(秒)	25m走 (秒)	立ち幅跳び(cm) 1回目	2回目	ボール投げ(m) 1回目	2回目	歩数（歩） 9:00-11:00	9:00-16:00	体温(度) 9:00a.m.	備考
1																
2																
3																
4																
5																
6																
7																
8																
9																
10																
11																
12																
13																
14																
15																
16																
17																
18																
19																
20																

第6章 体力・運動能力測定の実際

付録6-2 体格・体力測定評価表（一例）

すこやかキッズカード（評価表）

すこやか保育園	なまえ	歳 か月		は前回測定 2005年11月12日		は今回測定 2006年5月27日
げんき組	まえはし あきこ	女 6 0				

マークのせつめい⇒ 😄：とてもよいです　🙂：よいです　😐：ふつうです　😕：もうすこしです　☹：がんばりましょう

たいりょく

いつ	にぎる	とびこしくぐり	はしる	とぶ	なげる	あるく
まえ	🙂	🙂	🙂	😐	😐	🙂
いま	⇓	⇓	⇓	⇓	⇓	⇓

ジャンプ、とくいだわ！

● 歩数が前回とくらべ、一番伸びました。がんばったね！
▲ とび越しくぐりが、前回スコアよりさがりました。なわとびや鬼ごっこをすると、はやくできるようになるよ！

けんこうな せいかつ

	ねるじかん	ねているじかん	おきるじかん	あさのきげん	あさごはん	あさのウンチ	ゆうごはんまえのおやつ	ねるまえのおやつ	そとあそび	テレビをみるじかん	げんきさ
まえ	☹	☹	😐	😐	😐	☹	🙂	😕	😕	😕	😐
	⇓	⇓	⇓	⇓	⇓	⇓	⇓	⇓	⇓	⇓	⇓
いま	☹	☹	😐	😐	😐	☹	🙂	😐	😕	🙂	🙂

● 寝る前に夜食を食べないのはえらいね。夜食を食べないと、朝ごはんがとってもおいしくなるよ！
▲ 寝るのが、大変、遅すぎます。起床も遅くなり、朝ごはんもおいしく食べられません。ねむけやだるさを訴え、朝からボーッとします。はやめに寝ることを心がけましょう。9時まえに寝るためには、日中に運動をしっかりしようね！

分類		測定項目	前回	今回	標準値
体格		身長	112.3 cm	115.4 cm	112.7 cm
		体重	20.5 kg	20.6 kg	19.9 kg
		カウプ指数 1)	16.3	15.5	15.5
体力	筋力	両手握力	13.0 kg	15.0 kg	15.0 kg
	調整力	とび越しくぐり	18.0 秒	21.0 秒	18.0 秒
運動能力	走力	25m走	6.6 秒	6.8 秒	6.8 秒
	跳力	立ち幅跳び	98.0 cm	107.0 cm	82.2 cm
	投力	ボール投げ	3.5 m	4.5 m	5.0 m
活動量		歩数 2)	7,028 歩	9,899 歩	7,115 歩

		やせすぎ	やせぎみ	ふつう	太りぎみ	太りすぎ
				●		
				●		

	分類	調査項目	今回調査結果	評価（5段階）	
健康生活	休養	就寝時刻は	午後 10 時 30 分	1	1
		睡眠時間（夜間）は	9 時間 0 分	1	1
		起床時刻は	午前 7 時 30 分	2	2
		朝起きた時の機嫌は	機嫌が悪い時の方が多い	2	2
	栄養	朝食は	食べる時と食べない時が半々	2	3
		排便（ウンチ）の状況は	朝しない	1	1
		夕食の前のおやつは	食べる時と食べない時が半々	4	3
		夜食は	食べない時の方が多い	3	4
	あそび・身体の活性度	外あそびをする時間は	1 時 0 分	1	2
		テレビやビデオを見る時間は	2 時 30 分	1	1
		疲れの訴えからみた元気さは	元気である時と、ない時が半々	低い	やや低い
		朝（午前9時）の体温は	36.2 ℃		

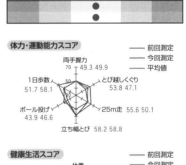

体力・運動能力スコア
― 前回測定
― 今回測定
― 平均値
両手握力 70 49.3 49.9
1日歩数 51.7 58.1
とび越しくぐり 53.8 47.1
ボール投げ 43.9 46.6
25m走 55.6 50.1
立ち幅とび 58.2 58.8

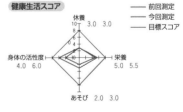

健康生活スコア
― 前回測定
― 今回測定
― 目標スコア
休養 3.0 3.0
栄養 5.0 5.5
身体の活性度 4.0 6.0
あそび 2.0 3.0

1）身長と体重からみた体格指数であり、数字が大きいほど肥満を表しています。
2）午前9時～午後4時までの集計

Copyright(c)2005 Sukoyaka Kids Tairyoku Kenkyukai, all rights reserved.

第7章

意識障害を伴う症状と応急手当
―幼児の身体症状の観察―

〔浅川和美〕

理論編

1　運動と安全管理

(1) 幼児の運動時の体調の観察

　幼児は、自己の体調の変化や痛みを、適切に言葉で表現することが難しいため、大人が、その変化に早めに気づいてあげることが大切です。子どもの健康状態の変化は、突然起こることが多く、大人よりも体調の変化が速いことが特徴です。体調不良のままで運動すると、集中力や注意力が低下しているために、思わぬ事故に結びつく危険性もあります。

　幼児の指導者は、運動の開始時だけでなく、運動中や休憩時間でも、子どもの顔色や機嫌、活気、動き方などの様子を常に観察し、子どものささやかな変化を見逃さないようにしましょう。「ちょっといつもと違う」「何か変」といった、何気ない気づきが、からだの不調を早期に発見し、大きなケガや事故を防ぐことにつながります。

　次に、異常をみつけた場合は、あわてずに落ち着いて対応することが必要です。大人があわてている様子は、子どもに不安感を与えます。他の指導者の応援を呼び、すぐに保護者に連絡するとともに、焦らず、冷静に対応することを心がけましょう。

　そして、異常の詳細を観察し、処置の方法や、医療機関を受診すべきであるかどうかといった、見極めや判断が必要です。判断が難しい場合には、複数の職員で確認しましょう。医療機関の受診は、原則として保護者に依頼します。緊急の場合でも、必ず保護者に連絡し、同意を得て、受診させます。

(2) 転倒時の観察

　転倒したときにどこをぶつけたのかがわからないときは、痛がる部位だけでなく、その周囲や他の部位も観察し、皮膚が暗紫色に変色している部位（内出血）を冷やして、安静にします。

　転倒後に、嘔気を訴える、嘔吐する、意識がもうろうとしているときは、転倒時に頭部を打撲し、内出血している可能性が高いので、安静にして救急車を呼びます。

(3) 体温・呼吸・脈拍の観察

　体調不良の可能性があるときは、体温を測定します。幼児は体温調節中枢が未熟なため、運動や環境温度により、体温が変動しやすいので、運動時の環境調整と、こまめに着衣を調節させることが必要です。

水銀体温計は、測定時間が10分かかりますが、測定値は正確です。電子体温計は、1～2分で測定できるので、簡便ですが、ほとんどが予測式なので、水銀体温計に比べて、多少誤差を生じやすいかも知れません。なお、腋窩で正確に測定するためには、測定前に5～10分ほど腋窩を閉じておき、体温計をはさんで、腋窩をぴったりつけておくように説明します。また、腋窩に汗をかいていると体温が低く測定されてしまうので、汗を拭き取ってから測定します。鼓膜体温計は、赤外線で鼓膜の温度を測定する仕組みで、測定時間は2～6秒です。測定時に鼓膜損傷させないよう、注意が必要であり、測定方法により誤差が大きく生じます。

　幼児の呼吸や脈拍は、大人より多く、運動時や環境の変化を受けて変動しやすい、という特徴があります。幼児は、肺胞の数が少ないので、1分間の呼吸数は、大人（15～20回/分）より多く、4～6歳児は20～25回/分、2～3歳児は25～30回/分です。乳幼児の呼吸の型は、横隔膜を上下させる腹式呼吸なので、呼吸数は、お腹の動きを観察します。

　幼児は心臓が小さく、心筋も弱く、1回拍出量が少ないため、心臓からの拍出数（脈拍数）は多くなります。1分間の脈拍数は、大人では60～80回/分ですが、幼児では80～120回/分です。脈拍の測定は、橈骨動脈、頸動脈など、動脈が皮膚の表面を走っている部位に、第2～4指の3本の指先をあてて、測定します。

2　意識障害を伴う症状と応急手当

(1) けいれん（痙攣）・ひきつけ

　乳幼児の10人に1人が、けいれんを起こしたことがあると言われています。乳幼児期は、脳神経の細胞が未発達なために、発熱や強い刺激を受けた場合、神経細胞から強い電流がでて、筋肉がけいれんを起こしたり、意識がなくなったりします。初めてけいれんを起こすのは、3歳未満が約8割で、そのうち、約半数の子どもが、2回以上けいれんを起こします。

　けいれんで、最も多いのは熱性けいれんで、38℃以上の発熱に伴って起こります。高熱時に、意識がはっきりしなかったり、数分間、一点を見続けるような状態もあります。てんかんによる場合や、頭を強く打った場合にも、けいれんを起こすことがあります。その場合には、すぐ病院を受診します。

　けいれんが起きると、突然、からだを硬くして、その後、手足をブルブル（ガタガタ）ふるわせ、目は上方を向いて白目となり、意識はなくなり、呼吸が荒く、不規則になりま

す。多くの場合は、5分以内におさまり、その後、意識が回復するか、スヤスヤと何事もなかったように眠ります。

　子どもがけいれんを起こしたら、あわてないで、子どものそばに付き添います。硬いものや、角がとがっている積み木、机、椅子など、皮膚を傷つける可能性のあるものを除去して、子どもが外傷を受けないようにします。

　子どもの洋服のボタンをはずして、衣服をゆるめ、半伏せ、または顔を横向きにして、窒息を予防します。けいれんの持続時間や、けいれんが全身に起こっているのか、からだのどの部分に生じているのか等を観察します。

　けいれんがとまったら、横向きに寝かせ、からだを温かくして、安静に保ちます。そして、体温を測ります。嘔吐して、口の中に吐物が見られるときは、顔を横に向け、示指にハンカチ、または、ガーゼ等の布を巻いて、下顎を押して口を開けさせ、口の中に挿入して吐物を取り除きます。刺激により、再発作を起こすことがあるので、運搬時には注意します。

　すぐに保護者に連絡します。以下の場合は、医療機関を受診する必要があることを保護者に伝えましょう。①初めてけいれんを起こしたとき、②けいれんが5分以上続くか、1日のうちに2回以上繰り返すとき、③からだの一部だけのけいれんや左右差が強いとき、④けいれんの後に意識が回復しない、または、からだの動きが悪いとき等です。

　けいれんを起こして、舌をかむことはありませんので、わり箸にガーゼを巻いて口にくわえさせる必要はありません。かえって、割り箸で口の中を傷つけてしまう可能性があります。また、けいれんは、数分でおさまるので、身体を抑制する必要もありません。

(2) 熱中症

　体内温度が異常に上がって起こる障害です。運動時は、発汗が多く、顔面が紅潮し、脈拍が増加してきます。幼児は、体温調節機能が未熟です。また、体内の水分割合が高いため、発汗により、脱水を起こしやすい特徴があります。

　日射病は、長時間、屋外にいた場合や、屋外での運動時に、頭や項部（頸の後ろ）に直射日光を受けることにより、起こります。一方、熱射病は、高温多湿の室内に長時間居た場合や、室内で運動したときに起こります。環境条件は異なりますが、日射病や熱射病に共通して起こるからだの異常症状を熱中症といいます。

　ふらつく、ボーッとしている等の様子がみられたら、風通しがよく、暑くないところ（木陰やクーラーのある部屋）に運び、衣類をゆるめ、水平位、または、上半身をやや高

めに寝かせます。体温が高いときは、冷たい水で全身の皮膚を拭いたり、水枕で頭を冷やします。嘔吐やけいれんがなく、意識がはっきりしているときは、2倍以上に薄めたイオン水、または、水や麦茶、薄い食塩水などを飲ませます。水分は、体温に近い温度の方が、からだへの負担が少なく、体内に吸収されやすいので、常温か、ぬるめのものが望ましいです。

　症状がすすむと、体内水分が不足し、発汗がとまり、体内温度は上昇します。血液の循環不全を起こし、皮膚表面の血流が減少するため、皮膚が冷たく、白くなり、べとべとした感じになります。顔面は蒼白で、脈が速く弱くなります。水分や塩分の喪失によって、一部の筋肉、または、全身のけいれんを起こすこともあります。頭痛やめまい、吐き気が出現し、意識障害になることもあります。熱がなく、皮膚が冷たいときは、冷やさずに寝かせて、足を高くした体位にします。安静にして医療機関に運びます。意識がないときは、枕をせず、あごを前に出して、気道確保の体位とします。

　夏季の運動時は、熱中症を予防するための配慮が必要です。保護者の方への指導として、水分を持参させるとともに、運動時は吸湿性と通気性の良い材質の衣服を着用し、運動後の着替えを準備するよう伝えます。屋外では、必ず帽子を着用させます。運動中は、こまめに休憩をとり、その都度、水分を補給させます。

第8章

指導者の役割と指導者としての
コミュニケーションスキル

〔奥富庸一〕

1　幼児体育指導者の役割

　幼児を指導していると、「この子は、どうして私の言うことを聞いてくれないのだろう？」「この子は、どうしてまわりの子どもたちとトラブルの原因をつくってしまうのだろう？」等といった場面に出会うことがあるかと思います。

　子どもが何を言いたいのかわからない、なぜこんなに言っているのに伝わらないのかわからない、そんな思いがあるかと思います。

　幼児期になると、自我が芽生え[1]、子どもそれぞれに、自分自身の考え方をもつようになります。子どもが、どうしてこのような行動をとるのか――それは、その子なりの気持ちや考えがあって行動を起こしているのです。幼児体育指導者として、子どもの気持ちや考えを理解し、運動に対するやる気を支えていくことが、最も重要なポイントになるでしょう。

　また、指導者自身の習慣や行動によって、幼児体育の理想と目的を示すことも大切と考えます。

　幼児の体育指導をする上で、①対象となる子どもの理解、②専門知識や技術の理解と習得、③コミュニケーションスキルの習得の3点が重要です。つまり、対象となる子どもの発育・発達、心身の成長、社会性の獲得時期など、子どもが成育過程の中で、どのような時期にどのような成長をするのか、また、どのような働きかけが、子どもの健やかな成長を促進させるのかを理解する必要があります。そして、運動技術を獲得させるための専門技術を理解し、指導者自身も技術を身につけておくことが必要です。

　そして、何よりも重要なことは、それをいかに伝えるかということです。子どもの気持ちや感情を理解しながら、子どものやる気を支え、運動に対する動機づけが強まるような指導を展開するために、コミュニケーションスキルを獲得していく必要があります。

　そこで、本章では、とくに、幼児体育指導者として、子どもの気持ちや考えを理解し、いかにやる気をサポートしていくかについて、コミュニケーションスキルを中心に、解説していきます。このコミュニケーションスキルは、子どもに対してだけではなく、指導者間や保護者との意思疎通を円滑にするためにも、必要なスキルになります。

2　幼児体育指導者のコミュニケーションスキル

　幼児体育指導者にとって、子どものやる気を支えるために、子どもの気持ちや考えを理解し、子どもの主体的な行動をサポートしていくことが、重要な使命です。コミュニケーションスキルを獲得し、子どもがのびのびと運動に取り組み、健やかに成長していくサポートができるよう、コミュニケーションの基本を押さえておきましょう。

(1) 言語的コミュニケーション
1) リスニングスキル
　コミュニケーションを円滑にすすめるためには、まず相手の気持ちや考えを理解する必要があります。まず、相手の気持ちや考えを理解するために、リスニングスキル（効果的な傾聴法）を紹介します。リスニングスキルには、基本的な技法が3つあります。

① 観察法
　観察法とは、話のポイントを的確に捉えるために、言語的・非言語的な表現を観察する手法のことです。話を聴くといったときに、いつ、誰が、どこで、といった事柄に着目する場合が多いのですが、ここでは、事柄だけに着目するのではなく、どういった事柄を話しているところで、語気が強くなるか、トーンがかわるか等に着目し、表情やしぐさを見て、事柄の背後にある気持ちや感情に着目することが大切です。

　気持ちや感情を理解することで、指導者は、相手が何を考え、どうしてその行動をしているのかが見えてきます。そして、相手は、この指導者であれば、何を言っても安心で安全な環境だということが理解できます。

　観察法のポイント（表8-1）は、言語的表現（キーワード）と非言語的表現（キーメッセージ）を捉えることです。言語的表現とは、相手の気持ち用語（嫌だよ、疲れた等）、感情用語（楽しい、寂しい、怖い等）、セリフ（「だっておもしろくないもん」「ほんとはやりたいの」等）といった表現です。非言語的表現とは、相手の目・顔・声の表情の変化（目が潤む、声が震える）、ジェスチャー（手をぐっと握りしめる、身振り手振り）、身体姿勢の変化（からだを縮こませる、顔をそらせる等）、そして、指導者自身の心がジーンとくるような表現です。このような表現の中に、気持ちや感情が含まれており、的確に捉えることで、相手の考えや行動に至った背景が見えてきます。ときには、言葉と表情が一致していない場合（例えば、「楽しい」と話しているにもかかわらず、表情がくもっていたり、語気が弱い等

表8-1 言語的表現と非言語的表現の観察法のポイント

言語的表現（キーワード）	非言語的表現（キーメッセージ）
気持ち用語（嫌だよ、疲れた 等）	目・顔・声の表情の変化 （目が潤む、声が震える 等）
感情用語（美しい、寂しい、怖い 等）	ジェスチャー （手をぐっと握りしめる、身振り手振り 等）
セリフ （だっておもしろくないもん、 　　　　ほんとはやりたいの 等）	身体姿勢の変化 （からだを縮こませる、顔をそらせる 等）
	指導者自身の心がジーンとくる

〔宗像恒次・小森まり子・橋本左百合：ヘルスカウンセリングテキスト vol.1，ヘルスカウンセリングセンターインターナショナル，p.51，2000．から改変〕

の場合）がありますので、その場合は、キーメッセージを大切にして、本当の気持ちを捉えられるように再度確認してみましょう。

　子どもでも大人でもそうですが、悩みや困っていることがある人は、最初から自分の言いたいことがはっきりしていない場合が多く、語りながら整理し、言いたいことや伝えたいことがみえてくることがありますので、相手の気持ちや感情に沿った観察をすることが重要です。

② 傾聴法

　相手の話を聴こうと思っていても、自分自身の経験や体験を通して相手の話を理解しようとするために、相手の言いたいことや話したいことを案外聴けていないということがあります。傾聴法とは、話を聴くときに、相手が話しやすいように促し、自分自身の中に浮かび上がる様々な心の壁（ブロッキング現象）を除き、相手の気持ちや感情をそのまま受け止める聴き方です。

　まず、話を聴くときに、相手が自由に話をしやすいように促すことが必要です。促し方には、開いた質問（オープンエンド・クエスチョン）と閉じた質問（クローズド・クエスチョン）があります。

　閉じた質問とは、YesかNoで答えられるような質問です。例えば、「お友だちと仲良くできたかな？」「朝ごはんは食べたかな？」というように、相手の答えを限定する聴き方です。これは、活動の導入やアセスメントに利用できます。閉じた質問は、答えを限定しているので、答える側は考えずに答えられ、短時間で必要な情報を得ることができますが、話したいことを自由に話すことができず、本当の気持ちを理解することが難しくなります。

　一方、開いた質問は、「今朝の気分はどうかな？」「今日の活動はどうだった？」という

ように、相手が自由に答えを述べることができる聴き方です。開いた質問は、自分の気持ちや考えを自由に話すことができ、相手に対して自分の気持ちを伝えることができます。また、話すうちに自分の気持ちが整理できるという利点があります。しかし、話したいことがなかなかでず、時間がかかり、話すことに苦手意識があると、言葉につまってしまいます。指導者は、これらの質問をうまく使い分けて、話を聴くことが大切です。

相手が話をしやすいように促し、相手の話を聴き始めると、相手の話の情報の不足分を補おうとして、自分自身の経験や体験を参照して、聴くことがあります。例えば、「こういった話は前にもあったな（追体験）」「こうすればうまくいくのに（意見）」「おそらくやりたくないだけなんだろうな（憶測）」といったことです。

これは、聴きながら、自然に心の中に生まれるものです。意見や評価したくなる、追体験や同一視をして話の情報を補う、ほかのことが気にかかる、時間を気にするというように、相手の話を聴く上で心の壁となる現象を、ブロッキング現象と言います（図8-1）。指導者のもつ専門知識や経験からのみで話を理解しようとするとブロッキングが生じやすくなり、相手の言いたいことや本当の要求を見落とす原因になります。相手の気持ちや考えに沿った聴き方をするために、ブロッキングは脇において、相手の気持ちや感情を受け止め、常に相手の心の動きについていくという態度が必要となります。

指導者は、子どものやる気を支えるために、「今ここで」の子どもの気持ちや感情に、耳を傾ける必要があります。

図8-1　ブロッキング現象の事例

③　確認法

子どもでも大人でも、最初から自分の言いたいことがはっきりしていない場合が多くあります。相手の話のポイントを繰り返すことによって、相手の話の内容と反応を確認することで、相手は自分自身の気持ちが整理され、言いたいことや伝えたいことが明確になってきます。相手の話を、観察や傾聴によって得られた気持ちや感情の情報をもとに、相手のトーンやスピードに合わせて、そのまま繰り返し、相手の気持ちとピッタリ合うようにしましょう。このとき、注意すべき点は、相手のセリフや気持ちの用語をそのまま繰り返すことです。言い方や言葉を変えると、微妙なズレを生じさせる場合があります。相手の気持ちとピッタリ合っているかは、相手が教えてくれます。指導者が、子どもの話を、ポ

イントを押さえて繰り返し、確認したとき、「ウン、そうだよ」という返事が聴け、また、相手の表情もイキイキしていれば、ピッタリと合っている聴き方ができていると思ってよいでしょう。「ウ、ウン」「そうなんだけど～」というように、2段階の返事であったり、表情がとまっているときは、「違っている」のサインですので、もう一度しっくりいかない部分について聴き、再度、繰り返して確認しながら、話をピッタリと合わせることが大切です。

確認をすることで、子どもはイキイキとした反応をみせてくれます。すると、この指導者は、何を言っても安心で安全な存在だと感じ、自分の気持ちをたくさん話してくれるようになります。

2）効果的な促し

話を聴いていると、相手は、①問題解決をしたい、②アドバイスがほしい、③ただ話を聴いてほしい、の3つのいずれかの思いがあることがわかります。話のこしを折らないように、相手の話のスピードに合わせて、話しやすいように効果的に促すことが重要です。そのために以下のようなことを心がけるとよいでしょう。

・話の内容やスピードに合った、適度なうなずき
・話の内容に合った表情
・視線を受け止めるように合わせる
・相手の言った言葉の最後を繰り返す
・「そして…」「それから…」等、ゆっくり続きを促す

そして、「本当はどうしたかったのか」「まわりにどうしてほしいのか」といった自分自身や周囲に対する要求を聴くことで、問題解決のためのエネルギーをサポートしていきましょう。

まず、相手に寄り添うことで、相手のわかってほしい欲求を十分に傾聴し、共感することで、相手の欲求を満足させることが重要です。

3）ポジティブフィードバック

子どもの運動に対する動機づけを支えるために、ポジティブフィードバックを活用しましょう。簡単に言うと、子どものよいところを褒めて伸ばす指導です。よいところを褒めることで、子どもの自信感（自己効力感)[2]が向上し、のびのびとあらゆることに挑戦できるようになります。しかし、指導者がお世辞や心にもないことを並べて褒めるのでは、効果はありません。指導者自身が、「すごいな」「自分にはできないな」というところを、率直に心から伝えることが大切です。

指導をしていく上で、よいところを褒めるだけでは、子どもが成長していかないのではないかと思われるかもしれません。確かに、運動を指導していく上で、欠点を克服し、さらなる技術向上を目指すことも必要になるかもしれません。しかし、小さなことでも、まず、良いところを探しましょう。そして、良いところを褒めた上で、欠点となる部分を、子どもと指導者がいっしょに探し、どうするとうまくできるかをスモールステップで考えていくことが有効です。

欠点を叱るという方法で指導を続けると、子どもは怖さを感じ、課題に対してチャレンジしない、あるいは、指導者の顔色をうかがいながらチャレンジするようになったり、欠点を隠そうとしたりします。スモールステップで小さな課題をみつけ、それにチャレンジし、自分自身の力でできたという成功体験を積み重ね、そのチャレンジする勇気と成功体験を褒めて、子どもの自信感や有能感を向上させることが必要になります。

(2) 非言語的コミュニケーション

1) 表情

子どもは、小さい頃から、実によく、まわりの人の表情を見ています。顔の表情は、指導者にとって大変重要です。怒っているつもりでなくても、「怒っているでしょう」と言われたり、笑っているつもりでなくても「楽しそうだね」「笑っているでしょう」と言われたりしたことはありませんか。

顔の表情は、愛や幸福、楽しさといったポジティブな感情表現と軽蔑というネガティブな感情表現が近接している[3]と言われています(図8-2)。子どもに軽蔑と取られないように、自分自身の顔の表情に気を配る必要があるかもしれません。また、相手の表情を勘違いすることのないようにしたいものです。

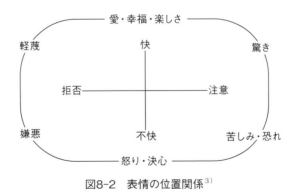

図8-2　表情の位置関係[3]

2）視線

　指導をする上で、視線の使い方も大変重要です。子どもと接する場合、指導者である私たちの方が、子どもより高い位置からの視線になります。高い位置からの視線を送ることは、相手に対して高圧的な印象を与えかねません。とくに、指導者という立場は、子どもと比して、高くなりがちです。子どもと視線のレベルを合わせ、いわゆる「同じ目線」に立って、話しかけることが重要です。

　また、日本の場合、アラブ系やラテン系の視線を合わせる文化に対して、視線を避ける文化があります。視線を意図的に合わせるときは、相手に対して敵意や闘争心がある場合といわれています[4]。指導をする場合は、対面で話しかけるより、少し相手の目線と角度をつけて話しかけると、相手に安心感が得られます（図8-3）。

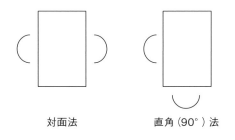

対面法　　　　直角（90°）法

図8-3　対面法と直角法[4]

3）スキンシップ

　スキンシップは、子どもとコミュニケーションをとる上で、最も重要です。昔から医療の世界では、治療のことを「手当て」と呼びます。治療に際し、まず、患者の患部に、治療者の手を当てて、診断をしたことから「手当て」と呼ばれているそうです[5]。

　手当てをすることによって、人に安心感を与え、不安感を和らげることができるのです。たとえば、乳幼児期のコミュニケーションは、泣くという行為で不快感や不安感を表現します。その泣き声を聞いて、親は「どうしたの」と声をかけ、頭を撫でたり、手を握ったり、抱いたりすることで、子どもは安心感を得て、泣きやみます。スキンシップを通じて、身体的にも、心理的にも、安心感を得られた子どもは、他者に対する基本的信頼感[6]を得ることとなり、自立した成長を遂げるようになります。

　指導者は、子どもの健やかな成長のサポーターです。「健やかに成長してほしい」という思いを込めて、スキンシップをすることで、言語的な交流が未熟な乳幼児であっても、十分に気持ちが伝わります。子どものチャレンジする気持ちを、そっとスキンシップを通

じて支えることで、勇気や意欲がわいてくることでしょう。

3　子どものサポーターとしての幼児体育指導者

　幼児体育指導者は、子どもの健やかな成長を育むための、よきサポーターでなければなりません。子どものもつエネルギーは、計り知れないほど、大きく、強いものです。子どものやる気を支えるために、コミュニケーションスキルを身につけ、子どもが主体的に活動できるよう、サポートしていくことが大切です。

　幼児体育指導者は、子どもにとって「よき（技術上の）指導者」「よき理解者」でありながら、かつ、子どもの気持ちや考えを理解し支える「よき応援団」であることが、望まれる指導者像ではないかと考えます。

　子どもは、成人と比べて、少し話を聴き、共有するだけで、素直で率直に自分の気持ちを表現できるようになります。自分自身の気持ちを表現する力を、幼少期に身につけておくことで、成人してからも、自分自身の気持ちを上手に表現できるようになります。

　これまでの日本の工業化社会の時代では、周囲の人との和を大切にした自己抑制型の人物スタイルが求められてきました[7]。しかし、自己抑制型の人物スタイルは、自分の気持ちを抑え、がまんすることで、様々なストレスを抱える温床となっています[8]。今日の情報化社会の時代では、周囲の人との和も大切にしつつ、上手に自己主張することが大切です。幼少期から自分自身の気持ちを表現する力を身につけるためには、安心で安全な環境の中で、周りの評価はどうであれ、自分の気持ちを表現できる力を養う必要があります。子どもが自分の考えや気持ちを、率直に表現できるように、指導者は、安心で安全な環境づくりをすることが求められます。

＜リスニングスキルと効果的な促しを活用した事例＞
　ある子ども（Aくん）が、なかなかあそびの輪の中に入れずに、つまらなそうにしていました。指導者であるあなたは、Aくんに話しかけました（表8-2）。
　子どもは、大人と比べて、自分の気持ちを素直に表現します。まずは、話を聴き、繰り返し、子ども自身がどのようにしたいか、その気持ちを支援しましょう。指導者からの提案や助言は、最小限にとどめる方が、望ましいといえます。

表8-2 リスニングスキルと効果的な促しを活用した例

指導者：	「どうしたのかな？」	（開いた質問）
Aくん：	「もうヤダ。したくない」 うつむいて、地面をけとばしている	（観察法）
指導者：	「もうヤダ。したくないって思うんだね。もうしたくないっていうのは、どうしてかな。もう少し教えてくれないかな」	（確認法） （開いた質問）
Aくん：	「だってBくんがいじわるするんだもん」 口を尖らせ、Bくんのほうを指差す	（観察法）
指導者：	「Bくんがいじわるするから、もうしたくないんだね」	（確認法）
Aくん：	「ほんとは、もっとやりたかったのに」	（観察法）
指導者：	「そうだね。ほんとは、もっとやりたかったね」	（確認法）
Aくん：	「ウン」	（観察法）
指導者：	「そうか。ほんとは、もっとやりたかったね。どうするともっとやれるかな」	（確認法）（開いた質問による問題の明確化）
Aくん：	「Bくんがいじわるしないでいたら、入れる」	
指導者：	「Bくんがいじわるしないでくれたら、入れるんだね。いじわるしないでくれるには、どうするといいかな」	（確認法）（開いた質問による問題の明確化）
Aくん：	「いじわるしないでって言う」	
指導者：	「いじわるしないでって言うことなんだね。そうだね。いじわるしないでって言えると、入れてくれるかもね。すごいな～言えるかな。いじわるしないでって」Aくんの手を握る	（確認法）（ポジティブフィードバックとスキンシップ）
Aくん：	「ウン。言ってみる」	

[引用文献]

1）三浦正江：発達課題，上里一郎（監），現代のエスプリ別冊，臨床心理学と心理学を学ぶための心理学基礎辞典，至文堂，pp.131-132，2002.
2）Bandura, A. : Self-efficacy : Toward a Unifying Theory of Behavioral Change. Psychological Review 84 (2), pp.191-215, 1977.
3）Schlosberg, H.: Three dimensions of emotion. Psychological Review 61, pp.81-88, 1954.
4）諏訪茂樹：援助者のためのコミュニケーションと人間関係〔第2版〕，建帛社，pp.106-109，1987.
5）山口 創：子供の「脳」は肌にある，光文社新書，p.182，2004.
6）杉原一昭・海保博之：事例で学ぶ教育心理学，福村出版，p.129，1986.
7）宗像恒次：ストレス解消学，小学館，pp.46-52，1995.
8）宗像恒次：最新 行動科学からみた健康と病気，メヂカルフレンド社，pp.20-25，1996.

第 9 章

運動あそび・運動会種目の創作

〔前橋　明〕

1 運動あそびの創作

子どもたちに体験させたい運動あそびを創ってみましょう。幼児の発達特性を考慮に入れて、創作してください。

書き方の様式を提示しておきます。

(1) 運動あそびの創作様式

あそび名：○○○○○○○○

【あそびを通して育つもの】

ねらいを書くと、あそびを通して、子どもたちの中に育つものが見えてきます。例えば、体力・運動能力の要素、運動スキル、健康・安全の面、社会性の面で育つもの等を、示してください。体力や運動能力、運動スキルの内容については、本書（pp.20-25）を参照してください。

例）

協応性、操作系運動スキル（打つ・捕る）、移動系運動スキル（走る）、空間認知能力、助け合う心

【準備するもの】

創作した運動あそびの展開に必要なもの・準備物（用品や遊具、ライン等）を列挙します。準備物の品名を書き、続いて（　）内に、その数量を数値で示します。単位は、省きましょう。解説の必要な場合は、数量を示す（　）の後に点線・・・で結び、簡潔な文章を加えておきます。

例）

バット（1）、1塁サークル（1）…直径2ｍ

コーン（1）…バッティングサークルの中に置きます。

【あそび方】

箇条書きで、かつ、「です・ます」型で書きましょう。

例えば、次のように簡潔にまとめます。

①みんなで、人数が同数になるように、2チームを作ります。

②チームの代表が出てジャンケンをし、先攻と後攻を決めます。

③・・・
④・・・
⑤・・・

【イラスト】

動きが理解しやすいように、メインの場面をイラストや図で示します。

【メ　モ】

指導上の留意事項や注意すべきこと・配慮した方がよいこと、展開上の工夫、遊び方のバリエーション、年少児や障害をもっている子どもへの配慮事項などを、列挙します。

例）

・子どもたちがルールを理解し、あそびに慣れてきたら、1回戦だけでなく、数回戦行うと楽しいでしょう。

・バッティングサークルと1塁サークルの折り返しだけでなく、2塁サークルを設けて、その2塁サークル内に両足を踏み入れてから、バッティングサークルにもどるというバリエーションも楽しんでみましょう。

(2) 運動あそび記述例

ボールコレクター

【あそびを通して育つもの】

協応性、瞬発力、敏捷性、操作系運動スキル（打つ・捕る）、移動系運動スキル（走る）、空間認知能力

【準備するもの】

バッティングサークル（1）

1塁サークル（1）…バッティングサークルとラインで結び、ファウルラインとします。

コーン（1）…バッティングサークルの中に置きます。

ソフトバレーボール（チームの人数分）

バット（1）

ファウルライン（2）

【あそび方】

①みんなで、同数になるように、2チームを作ります。

②チームの代表が出てジャンケンをし、先攻と後攻を決めます。

③後攻のチームは全員守備につきます。

④先攻のチームは、打順を決め、1番から順に、バッティングサークルに入り、コーン上のボールを思い切り遠くに打ちます。打ったら、バットを置き、1塁サークルに向かって走り、1塁サークルの中のボールを1個もって、バッティングサークルにもどります。

⑤守備の子は、打たれたボールを捕ります。ボールを捕ったら、ボールをもって、バッティングサークルに走り込みます。

⑥攻撃チームが早くもどったら、1点が入ります。守備チームが早かったら、攻撃チームの得点は0点です。

⑦攻撃チームのメンバー全員が打ち終えたら、攻守を交代します。攻撃チームとなって、メンバー全員が打ち終えたときの合計得点を競います。

【メ　モ】

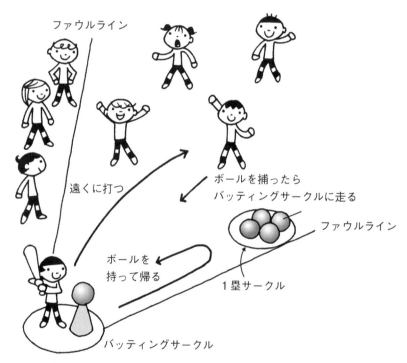

・子どもたちがルールを理解し、あそびに慣れてきたら、1回戦だけでなく、数回戦行うと楽しいでしょう。

・守備チームは、ボールを捕った子がボールをもって走るだけでなく、ボールをパスしてバッティングサークルまで運んでもよいでしょう。

・バッターがボールをもってバッティングサークルにもどってきたら、サークル内にボールを置いて、もう一度、1塁サークル内のボール（1個）を取りに行くというルールにしてもよいでしょう。その場合、守備者よりも早くバッティングサークル内にもち帰ったボールの個数を得点とします。
・バッティングサークルと1塁サークルの折り返しだけでなく、2塁サークルを設けて、その2塁サークル内に両足を踏み入れてから、バッティングサークルにもどるというバリエーションも楽しんでみましょう。
・ボールの大きさや重さ、コートの広さ、バッティングサークルと1塁サークルとの距離は、子どもたちの運動能力のレベルに応じて変えてください。

タッチアップ

【あそびを通して育つもの】
　協応性、瞬発力、敏捷性、操作系運動スキル（打つ・捕る・投げる）、移動系運動スキル（走る）、空間認知能力

【準備するもの】
　バッティングサークル（1）…直径2ｍの円
　ベース（2）…1塁と2塁ベースを、バッティングサークルから、それぞれ約10ｍ程離れたところに置きます。
　コーン（1）…バッティングサークルの中に置きます。
　ソフトバレーボール（1）、バット（1）、ファウルライン（2）

【あそび方】
①みんなで、人数が同数になるように2チームを作り、チームの代表が出てジャンケンをし、先攻と後攻を決めます。
②後攻のチームは、全員、守備につきます。
③先攻のチームは、打順を決め、1番から順に、バッティングサークルに入り、コーン上のボールを思い切り遠くに打ちます。打ったら、その場で応援します。
④2番の子は、1塁ベースの上に位置します。3番以降は、1塁ベースの近くで待機します。
⑤1番の子どもがバッターとしてボールを打ったら、2番の子どもが1塁ベースをスタートして、2塁に向かって走り、2塁ベースの上に足を付けたら、バッティングサー

理論編

クルの中に向かって走ります。

⑥守備の子は、打たれたボールを捕るやいなや、そのボールをもって、バッティングサークルに走り込みます。この場合、ボールをもって走るだけでなく、ボールを投げたりパスしたりして、ボールをバッティングサークルまで運んでもよいです。

⑦バッティングサークル内に攻撃チームが早くもどったら、1点が入ります。守備チームの方が早かったら、攻撃チームの得点は0点です。

⑧1番にボールを打った子は、1塁ベースに移動し、順番に並んで走者になります。走った2番目の子は、次のバッターになり、3番の子が1塁上の走者となり、それぞれ役割をローテーションします。

⑨攻撃チームのメンバー全員が打ち終えたら、攻守を交代します。メンバー全員が打ち終えたときの合計得点を競います。

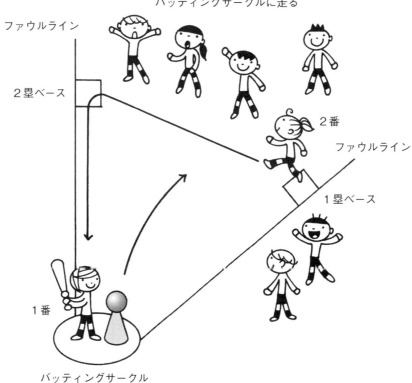

94

第9章　運動あそび・運動会種目の創作

【メモ】
・初心者レベルであったり、ボールを遠くに打てない場合には、スタートを2塁ベースからにしてもよいです。
・やわらかいソフトバレーボールからはじめ、いろいろな大きさのボールで遊んでみましょう。
・ベースの位置を、子どもたちの能力に応じて、近くしたり、遠くしたりしてみましょう。
・上達したら、3つベースを用意して、1塁から2塁、そして、3塁を回ってバッティングサークルへという四角コートにしてもよいでしょう。

2　運動会種目の創作

　子どもたちに体験させたい運動会種目を創ってみましょう。幼児の発達特性を考慮して、創作してください。
　書き方の様式を提示しておきます。

(1) 運動会種目の創作様式

種目名：○○○○○○○○

【種目を通して育つもの】
　ねらいを書きます。例えば、体力・運動能力の要素、運動スキル、健康・安全の面、社会性の面で育つもの等を示します。
　例）
　瞬発力、走力、移動系運動スキル（走る・跳ぶ）、身体認識力、空間認知能力など

【準備するもの】
　展開に必要なもの・準備物（用品や遊具、ライン等）を列挙します。準備物の品名を書き、続いて（　）内に、その数量を数値で示します。単位は、省きましょう。解説の必要な場合は、数量を示す（　）の後に点線…で結び、簡潔な文章を加えておきます。
　例）
　大型コーン（4）…折り返し用
　はしご（1）…はしごを横にして立て、補助者2人で、その両端を持ちます。

【あそび方】

箇条書きで、かつ、「です・ます」型で書きましょう。

例えば、次のように、簡潔にまとめます。

① 人数が同数になるように、4チームを作ります。

② チームごとに入場し、スタートラインの手前に位置します。

③ ・・・

④ ・・・

⑤ ・・・

⑥ ・・・

【イラスト】

動きが理解しやすいように、メインの場面をイラストや図を描いて示します。

【メモ】

指導上の留意事項や注意すべきこと・配慮した方がよいこと、年少児や障害をもっている子どもへの配慮事項、展開上の工夫、種目展開上のバリエーション等を、列挙します。

例）

・保護者が入る場合は、走る部分を、すべて手をつないで移動してもらうことにします。

(2) 運動会種目記述例

大きな大きなさといも

【準備するもの】

スタートライン（1）

大玉（各チームに1）

新聞棒（各チームに2）

旗（各チームに1）…折り返し地点用

【あそび方】

① スタートラインの手前に、チームごとに2人組で並びます。

② スタートの合図で、2人が向かい合って2本の新聞棒をもち、その上に大玉を乗せて運びます。

③ 大玉と2本の新聞棒をバトン代わりとして、全員が旗をまわって、もどってくるまで続けます。

【メモ】
・お互いが声をかけ合って、落ち着いて運びましょう。
・大玉が新聞棒から落ちると、その地点からやり直しになります。
・大人と子どもで行う場合は、新聞棒の位置（高さ）を、子どもの手の位置に合わせるように気をつけましょう。

【バリエーション】
・新聞棒ではなく、長い棒を使って、数人でおみこしのようにして運ぶリレーも楽しいでしょう。
・大玉を運ぶのではなく、ダンボールを使って、にんじんやジャガイモの形を作り、『カレーを作ろう！競争』として運ぶ、または『おでん競争』にしても、おもしろいと思います。

たおして、おこして、おんぶして

【準備するもの】
スタートライン（1）
旗（各チームに1）…ペットボトルに色をつけ、砂を1/3入れて、中間地点のフープの中に3本ずつ立てておきます。
フラフープ（各チームに3）…ペットボトル配置用
たすき（各チームに1）…アンカー用

【あそび方】
①各チームの親子は手をつなぎ、スタートラインの手前に並びます。
②スタートの合図で、親は、手押し車になった子どもの足を持ち、ペットボトルのところまで進みます。

③手押し車のまま、子どもがペットボトルをすべて倒し、その後、立ち上がって、親子で手をつないで旗をまわってペットボトルの所に再びもどってきます。

④倒れたペットボトルを、今度は親が立て直します。

⑤立て直したら、親は子どもをおんぶしてゴールし、次の親にタッチします。

⑥これをくり返し、はやく終わったチームの勝ちとします。

【メ　モ】

・初めて手押し車になる子に対しては、焦らず行わせることが必要です。日常の保育のあそびの中で、手押し車になる運動を取り入れておくことが必要です。

・子どもたちの年齢が小さければ、手押し車を行う距離を短くしたり、ペットボトルの数を少なくしてもよいですね。

【バリエーション】

・親子競技ではなく、子どもたちの競技としても有効です。そのときは、おんぶのところを、手をつないでのかけっこにしてもよいですね。

実践編

第1章 ヨーガ

〔伊藤華野〕

1　幼児体育とヨーガ

(1) ヨーガとは

　インド伝統5000年とされるヨーガは、近年、一般に普及し、心身健康の維持増進、ストレス解消などに活用されています。ヨーガといえば、ポーズをつくる体操と思われがちですが、「ヨーガとは、心のはたらきを止滅すること」[1]と定義されるように、目的は瞑想にあります。

　瞑想とは、静かに自分の心の中をみようとする操作であり、一般に心の静寂や平穏、安寧を醸し出すために活用されています。からだの感覚や感情に振り回されている思考を覚知することのくり返し作業と考えることができます。古代人の叡智としての技法ですが、近年では、こうした瞑想の生理学的、心理学的な有効性が、科学的に検証されています。

　現代社会で多く活用されているヨーガは、からだを活用して瞑想に至るハタ・ヨーガ派の流れをくんだもので、10世紀以後、修行僧がからだの健康を維持しながら、瞑想を行えるように開発されたといわれています。

　現代人のヨーガは、主に紀元前2～3世紀頃に編纂された根本教典『ヨーガ・スートラ』と、10～13世紀頃にまとめられたハタ・ヨーガの技術『ハタ・ヨーガ・プラディピカー』に則って実施されています。ハタ・ヨーガでは、体操法、呼吸法、瞑想法が図1-1のように体系づけて示されています。

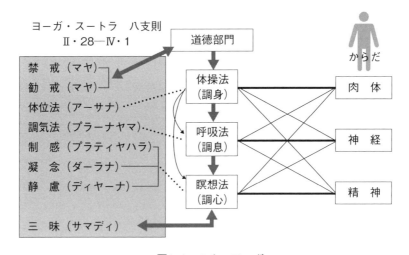

図1-1　ハタ・ヨーガ

図1-1では、体位法とかかれたところが、ハタ・ヨーガ派の象徴であるポーズ（アーサナ）の部分になります。この図からもわかるように、ヨーガは単なる体操ではなく、道徳部門、人としての行いが実行できることが前提とされています。

また、体操は、坐法が快適で安定的になるためのものであり、坐法は安定した呼吸を行うためのもの、安定した呼吸は瞑想のためのものとして設定されています。最終段階の瞑想にあっても、凝念、静慮の段階を経て、三昧、至福の境地に至ると考えられています。ヨーガでは、こうした心の安寧こそが至福であると考えるのです。

体育界にあっても、「スポーツマン精神に則り、正々堂々と闘います」と宣誓する等、道徳部門は基本です。また、競技での勝負にあっても、ゾーンと呼ばれる境地、つまりは勝敗に対する雑念を払い、競技そのものに集中（凝念）し、周囲の喧噪が聞こえない状態（静慮）から、無我無心（三昧）に至るときに本領が発揮されるということを考えると、ヨーガは同じ身体活動としてスポーツと共有できる要素の多いことがわかります。

(2) スポーツとヨーガ

一般に、施設や技術、ルールに則って営まれ、からだを使って遊戯・競争・肉体鍛錬を行う「スポーツ」からヨーガをみると、どのように説明できるのでしょうか。

もともとスポーツは、気晴らしをする、遊ぶ、楽しむといった語源をもつものであることから、今日では勝敗を競う競技スポーツばかりではなく、遊技を主にするレクリエーション・スポーツもスポーツと呼ぶようになっています。そうした広義からみると、ヨーガ体操は、レクリエーション・スポーツの類にも入るでしょう。

なぜなら、競技スポーツとは異なり、他者との比較や競争がありませんし、もちろん勝敗はなく、よりよい記録を出すこととは無関係です。本人の身体感覚が基準で、それが快適であることを重視します。また、からだを部分的に酷使することなく、全身を活用し、ゆっくりゆるやかな動きで、エネルギーを回復させます。意識は興奮させられるのではなく、鎮静していくことも、ヨーガの特徴です。

このようなヨーガは、一般成人に対する健康の維持増進や精神修養、スポーツ選手へのメンタル強化法として、その有効性が認められています。例えば、ハーバード大学で心理学と東洋思想を学んだガルウェイは、インドのヨーガの哲学を基盤とした独特なスポーツ指導論で評価を得ています。

ガルウェイは、人間の心にエゴとセルフという2人の心が住むと想定し、本来、セルフの働きにまかせておけば、自動的な習得修正が可能になるにもかかわらず、「〜せねば、

「〜してやろう」というエゴの欲によって、本人の注意が散漫し失敗を招く、したがって、本来のセルフの力、可能性を発揮するためには、エゴをいかに静かにさせるかが重要になる、というのです。

ヨーガ古典では、エゴが鎮まるこの状態を「心の止滅」と表現し、この境地に至るための技法を、ヨーガとして様々に開発しています。こうした技術は、今日、メンタルトレーニングとして、スポーツ界でも重視されるようになってきました。今日のスポーツのオリンピック選手は、その「技術」を本番で発揮するために、リラックスや集中といった精神的操作をヨーガで修練するようになってきています。

従来、体育・スポーツ界において、ヨーガは弾みをつけない整理運動「ストレッチング」として開発され、活用されてきました。しかし、近年では、そうした体操部門だけではなく、呼吸法や瞑想法部門にも開かれ、ヨーガの本質に迫った活用の仕方がされるようになっていることがわかります。

(3) 幼児体育とヨーガ

こうした特徴をもつヨーガを、幼児に実践することの意義は、どこにあるのでしょうか。現に、わが国ではヨーガを取り入れている幼稚園や保育所があります。ただ、この場合、ヨーガを単なるあそびとして導入しているところは珍しく、多くはからだや精神の鍛錬を目的として導入しています。幼児にポーズの完成をめざして身体修練させるヨーガや、画一一斉に号令にあわせて沈黙の中で実施する精神修養的ヨーガ等、ヨーガは目的に応じた方法の展開をみることができます。

幼児体育としてのヨーガはどうでしょうか。あくまでも、ヨーガが、子どもの全人的な心とからだの発育・発達を保障できるような配慮が重視されます。つまりは、幼児が自分で考え判断し行動できる、主体的に外界と結びついていく力「発達」を保障するヨーガとして実践されることが最重視されます。

先にもふれましたが、子どもの心とからだは柔軟であり、くり返し行えば、あらゆるポーズができるようになります。また、厳しい態度で静寂を強いれば、それも行うことができます。ときと場合によっては、こうした「がまん」を覚えさせることも大切かもしれません。

けれども、幼児期は、情緒を分化させ、思考を培っていく重要な時期であり、そのためには多くの感覚を悦びとともに体験させていくことが大切になります。その体験が「快」であれば、幼児は主体的に活動できる子になり、自分の気持ちやからだに応じてヨーガを

行える子になっていくのです。

　幼児体育では、子どもの健全な心身の発達を保障する教育、保育としてのヨーガ活動をめざしています。幼児が悦んで自分から主体的になって取り組める、その子なりの心身の特徴を生かすことのできるヨーガを実践していきたいものです。

2　幼児のヨーガとは

(1) 幼児のヨーガの有効性

　幼児へのヨーガは、実際、どのような効果があるのでしょうか。ヨーガの実践を行うに先立ち、実践対象幼児、比較対照幼児の姿勢、その他の身体的測定を行い、その後、実践対象幼児に週に1度、定期的にヨーガを実践、さらに1年後、再度測定および調査を実施し、実践状況を記録したものをコラム欄に示します。

　ヨーガを行った実践園の結果からは、「姿勢がよくなった」「体格が向上した」「情緒が安定し、風邪をひかなくなった」という成果をみることができました。

　また、姿勢がとくに悪い4名の幼児の変化とヨーガへのかかわりについてみたところ、彼らは主体的に頻繁にヨーガに取り組んでおり、姿勢が好転し、その他の心身の発育、発達が良好になっていることがわかりました。

■コラム：子どもへのヨーガの実践の成果（要約）[2]

①姿勢には、顕著な効果がみられ、とくに加齢との相関の低い背面部傾斜が顕著に好転した。

②足の裏の発達（土踏まずの形成、拇指内向、浮き指）に有意な効果がみられた。

③厚かった皮脂厚が、比較対象の園児よりも減少していた。

④対象園児の内、非常に体格が劣る子は好転していた。

⑤運動能力は、姿勢との関係が深いため、姿勢が好転した子の今後の向上には大いに期待をもつことができた。

⑥保護者へのアンケートの回答からは、家庭内で、あるときは、母親とともに「ヨーガ療法を実習している子どもの姿勢がよくなった」「病気が少なくなった」等や、幼児が家族の疾病の治療にヨーガ療法を指導した、という報告を得た。

⑦あそびに対して消極的で、群れからはずれて傍観する、何事にも集中できずに好きかってな行動をとる、という傾向にあった子どもが、新奇なあそびであるヨーガ療法に、とても興味と好感をもって取り組んで、「活気づいてきた」「欠席が減った」等の保育者からの報告があった。

⑧ヨーガの機会を通して、徐々に、クラスの幼児たちと融和していく力と自信がついてきた。

(2) ヨーガの誘導方法の重要性

　幼児のヨーガの誘導で大切なことは、幼児への全人的な発達を促す体育として充実させることです。それには、単にポーズをとらせるような体操的な誘導ではなく、幼児期の身体的・精神的発達段階に応じながら、心情的な解放や安定を導いたり、本人の自尊感情を培ったりすること、また、内的に充実した快適さを、感覚的にも意識的にも、体感できるように配慮することが必要になります。

　ヨーガの動きは、からだをつかった調身、呼吸をつかった調息、こころをつかった瞑想の調心が、三位一体になっています。そこで、幼児にこれらを提供する場合の留意点やその成果について一つ一つみていきたいと思います。

　1）幼児の行えるポーズについて（調身面）

　ヨーガの調身法には、主に足首、手首、股関節などへの動きの準備、強化体操に加えて、5つの系統、前屈や後屈、体側のばし、ねじり、逆転、バランス等の体位（ポーズ、ヨーガではアーサナという）があります。

　これらの動きは、胎児期から乳児期、幼児期へのプロセス、うずくまり、頭そらし、ロコモーション、ねじり、バランス等、立位し、歩行するまでの身体発達のプロセスを反映したものという見方もでき、幼児が無理なくできる動きばかりです。

　幼児ヨーガでは、発達段階に応じて選択させるのではなく、その子がイメージをして、楽しそう、やってみたいと思えるポーズを自由に実施させ、できることもできないことも楽しめるように誘導します。

　ただし、集団で指導する場合に、危険が予想されるポーズについては、とくに言葉がけの配慮が必要になります。例えば、頸椎の使用が関連してくるポーズの指導にあっては、とくに注意を払います（例：さかな、エビ、うさぎのポーズ）。

　なお、ポーズを提供する中でとても重要なのは、インドのサンスクリット語の名称を日本の幼児が見聞できるものに変更する作業です。ヨーガの専門家の間には、反対意見もあるのですが、やはり、この時期はイメージ力を活用することが最優先になります。また、幼児は成人に較べて手足の長さが短いこと、未分化な面があることから、技巧性の必要なポーズについては、大人のヨーガよりもプロセスを簡易にして、幼児のからだに応じた方法をとることが大切になります。

　＜ヨーガの保育的効果＞

　ヨーガの体位は、様々ありますが、種々の体位が、相関・相乗して有効となります。例えば、前屈・後屈は背中をしなやかに、とくに前屈は足腰の筋肉をゆるめ、後屈は背筋力

を培い、体側のばしは肝臓・脾臓などの内臓機能に影響し、ねじりは脊椎の修正を、バランスは平衡感覚や集中力を培います。

　ヨーガの実践後の身体測定や調査では、姿勢や皮脂厚や体格の好転、病気の予防などへの効果がみられていたことから、身体諸機能を活性するヨーガは、幼児の体力づくりに有効に働くと考えることができるでしょう。

　2）息づかいについて　（調息面）

　ヨーガが特徴的なのは、呼吸を意識的に活用するという点です。ただし、幼児期は、心身未分化で、無意識な動作と呼吸は自然に一体になった状態です。また、肺呼吸が完成していないため、大人の場合はあえて取り組まなければならない腹式呼吸を、幼児は自然に行うことができます。

　この時期の幼児への呼吸のポイントは、生活の中で行いにくくなっている大きな呼吸、深呼吸のできる機会を増やすことです。ダイナミックに全身を動かすことで、「吸って、吐いて」という指示がなくても、自然にこれが可能になります。

　ポーズのイメージづくりにふさわしい、動物の鳴き声や擬音を活用して、あるときは早く、あるときは、ゆっくりな呼吸のリズムをつくることができます。充分に楽しませると、息にあわせて、ゆっくりからだを動かすことにも集中できるようになります。

　ヨーガでは、動きに伴わせる呼吸とは別に、単独で呼吸のみを実施する方法――呼吸法があります。呼吸法については、呼吸器官が未完成である発達状態を考慮して、息に気がつかせることを目的に実施する程度がよいでしょう。

＜ヨーガの保育的効果＞

　はさみで物を切る、折り紙をおる、つくったり描いたりするときに、息が荒いと難しいものです。呼吸が安定すると、熱中活動に入ることが可能になります。ヨーガを実施している園では、こうした静の活動にも変化がみられるようになったことが報告されています。最初のうちは、自分のリズムで動くことしかできなかった子どもが、徐々に「ゆっくり息を出して、なくなるまでからだを小さくしてみましょう」の誘導にも応じることができるようになり、自分の息を自分で調整することもできるようになります。気持ちが落ち着きやすくなり、友だちと息をあわせるということもしやすくなっていきます。

　3）瞑想について（調心面）

　瞑想は、人間の生理的・心理的な機能の活性をもたらし、人間存在の自己発揚をもたらします。こうした行為が、幼児に必要がないかといえば、決してそうではありません。ただし、瞑想は目をつむって坐ることをさすのではありません。からだの感覚、思考の状態

のありのままに気づいて、それにとらわれない状態を指します。

　幼児期は、心身未分化であり、心が動かなければ、からだを動かすことができません。反対に、からだを動かしているときに、心はからだと一体になっています。そこで、幼児のヨーガでは、子ども特有の想像力を活用し、その子の心の躍動感にあわせて、ヨーガ体操を展開するようにしていきます。

　ただし、必ず1回のヨーガ活動の中に、からだを横たわらせて静寂になる時間「夢見のポーズ」の間を設けます。これは、活動中に「ゆっくり静かに」を強いて、楽しさを減少させなかった分、床に静かに横たわるという動きによって、からだと呼吸と心を休憩させ、整理させるための行為となります。

　また、動と静のメリハリをつけることを目的にしています。がんばった後は、必ずお休み、というように、幼児自身の心とからだの要求に応じて、緊張と弛緩の雰囲気を体得させていくのです。

　＜ヨーガの保育的効果＞
　幼児の自由なイメージ活動は、保育の他の活動での身体表現を拡大していきます。保育現場では、数々のイベントがあり、その都度、様々な表現活動が展開されます。ヨーガでからだの可動性を体得できると、そのからだを自由につかうことができ、創作意欲も湧いてきます。生活発表会のお芝居にも、たくさんのヨーガポーズのアレンジを活用することができるのです。

　また、ヨーガ活動の最中であっても、「○○のポーズ」といって新しいポーズを創作したり、一人ヨーガではなく、友だちとともにできるヨーガを考案したりする幼児もでてきます。どんなヨーガも、O.K.である、という雰囲気が大切です。

　また、こうした動の活動に対して、静の活動である「夢見のポーズ」は大切です。幼児が一人になれるときです。自分のありのままの状態といっしょにいるという活動が、子どもの情緒を落ち着かせます。最初のうちは、慣れにくいのですが、慣れると子どもがこの時間を楽しみにします。子どもと指導者側の1対1の関係の時間になることも、子どもの情緒を安定させるきっかけになるでしょう。保育内ではなかなか落ち着いて観ることのできない一人ひとりのからだに触れ、観るという間を、この時間にもつことができるのです。

(3) 幼児のヨーガの指導の場について

　活動の場に共通で大切なことは、安心できる安全に子どもの自信を根づかせるための配慮です。ヨーガの実践は、模倣させるという性質があることから、まず、モデルを観察で

きる状態をつくりださねばなりません。イメージでオリジナルなポーズをつくらせてもかまいませんが、最初のうちはだいたいのモデルが見えるように工夫する方が望ましいです。

　スペースについては、子どもたち同士がぶつからないようにしなければなりません。幼児期は、まだ空間認知能力（上下、左右、奥行き、方向への知覚）が充分ではなく、左右方向の指示、間隔のとり方などへの工夫が重要になってきます。散在するという方法がわからず、友だちと接触し合わない空間をつくることが難しいため、具体的に指示をして空間をつくるヨーガを提供するのも一つです。例えば、飛行機の羽、白鳥などのバランスポーズをアレンジして行います。

　活動に夢中になると、指導者に接近しすぎて、他の子どもがみえなくなることがあります。その都度、指導者が広い場所に移動しながら、子どもを誘導するのも一つですが、指導者自身が輪になった紐を持参し、幼児にはその輪の外で行わせるという方法をとらせたり、ヨーガの前に一つだけ「お約束」をさせて、「手をのばしても先生に届かない距離で行いましょう」という決まりをつくったりする方法もあります。いずれも園の方針や子どもの様子にあわせるとよいでしょう。

　＜ヨーガの保育的効果＞

　一つの部屋で、数名がいっしょに行うという場合は、他の幼児の妨げとなる行為は避けさせなければなりません。ヨーガの集団指導も、他の集団保育活動と同様に、一人ひとりが楽しく行うためには、「ある程度のルールが必要である」ということを学ばせる場になります。このとき、言葉のかけ方で注意したいのは、その子が自分に気づくための言葉「○○ちゃん、どうしたのかな」と言って、優しい誘導を配慮することです。避けたい言葉づかいとしては「○○ちゃん、○○ちゃんをみてごらん」と、他の子との比較をして叱ったり、「○○ちゃん、見えないじゃない、どきなさい」などです。このような言葉づかいは、すぐに子どもも覚えて他の子に使うようになります。そしてこの言葉のやりとりが喧嘩につながることさえあります。

　うまくできているときには、それを当然として扱わないで、「みんながそれぞれぞれ集中したね」「○○ちゃんらしく、みんなとできたね」等と、その状態を印象づける言葉をかけておくことも大切です。

　子どもの主体的な意欲を押し込めてしまわないように、自由な雰囲気をつぶしてしまわないように配慮することで、ヨーガによる集団活動は、子どもと場を共有するために、最低限必要なことを自分たちでわからせていくことができるようになります。

(4) ヨーガの達成基準―成就感の与え方―

　ヨーガの目的は、ポーズの完成にありません。ですから、外からみた形からの評価をすることには、焦点をあてないことがポイントです。子どもは、「できる、できない」で評価されない体験をするうちに、ヨーガの楽しさを見いだし、主体的になり、また、自分のよさを実感していきます。

　けれども、幼児期は、自分という存在を意識できるようになり、「みて、みて」とできた悦びを伝えてきます。競争や協調という心の芽が培われていく時期でもあります。競争は、ゲーム感覚で使う方法も取り入れることがあってもよいでしょう。「目にはみえない、それぞれの心情、意欲、態度」を評価するという視点を指導者が常にもつことで、言葉のかけ方は自然に変化してきます。

　実践では、「できないからやらな〜い」という子たちに、「やってみて、できているつもりで合格よ」、「からださんが気持ちがいいところで、がんばらないで待ちましょう」等の言葉をかけます。また、ポーズ途上に名前をつけて、王様と王子様、鳩の王様と家臣など、どの役柄も大切であることを説明しながら、その子なりのポーズを受け入れるように工夫することができます。

　＜ヨーガの保育的効果＞

　子どもたち自身が、ヨーガの基準を覚えると、他の大人がヨーガに加わったときに「先生、がんばらんでええんやで、つ・も・りでやればええねんで〜」と、形の完成が重要でないことを教えてくれる程になった事例もあります。

　また、集団の場で自由にヨーガをさせていると、手つなぎのポーズ等、自然に友だちと組んだヨーガのポーズや、息をあわせて、いっしょにポーズをつくる楽しさも覚えていきます。そうした発想には、感動させられますが、すかさずその気持ちを伝えて称賛します。

　あるいは、「ヨーガ教室ごっこ」として、ヨーガの「先生役と生徒役」という展開も可能になります。先生役を引き受けるのを楽しみにする幼児や、友だちが先生役であることを楽しむ幼児の姿をみることも、できるようになります。自分たちでできた、ということについて称賛します。

　ヨーガの基準は、あくまでも「その子の主体性の充実」にあるという視点で取り組むことが大切で、それによって子どもの意欲や心情、態度が徐々に培われていきます。

(5) 幼児へのヨーガ指導上の留意点

　一般のヨーガは、自己や内的感覚、内面のプロセスを重視しています。そして、この内的感覚の感得は、一つひとつのポーズを通して行われるものです。ヨーガの実践では、一つのポーズのプロセスに生じる緊張や弛緩に対して、呼吸を穏やかに、意識を集中させ、全身と意識がまったく一つになった気づきの状態（覚醒）をつくりだします。が、この行為は、成人でさえも容易にできません。

　こうしたヨーガを、子どもに誘導するためには、指導上の工夫が必要になります。ここでは、子どもヨーガの四原則を遵守しつつ、動の時間、静の時間を区別するという方法でのヨーガ展開を紹介しています。

　子どもヨーガの四原則とは、以下の通りです。
　　①のびのびと動きましょう─　呼吸と動作の一致
　　②想像してみましょう─　意識の覚醒
　　③できあがったポーズで、しばらく待ちましょう─　一定体位の保持
　　④動いた後は、やすみましょう─　緊張と弛緩の調和

　ポーズ活動は、動、緊張、想像の時間として、子どもの心の躍動に任せて楽しくあそびに展開させます。ヨーガのポーズの基準を「楽しさ」に構成、その際、ゲーム的になったり、あるいは、肉体鍛錬的になったり、想像から湧き出す偶然的な活動になる等のことも、子どもヨーガの四原則に基づいていればよいということにしています。

　こうした動の動きに対して、必ず静の活動があるということが条件です。その活動とは、弛緩のポーズであり、呼吸や瞑想の誘いになるあそびを指します。弛緩のポーズとは、どのポーズの後にも、必ず実施するのがよいとされる仰臥位姿勢、また、呼吸や瞑想の誘いになるあそびとは、本来、呼吸法や瞑想法として体系されているものですが、これもアレンジの仕方によって楽しく、けれども鎮静効果をもって実施することができます。

3　幼児ヨーガの活用方法

(1) スキンシップ・ヨーガ─ウォーミングアップ、クールダウンを楽しむ方法と特徴─

　ウォーミングアップでは目・耳・鼻・口・皮膚を活用し、からだに生まれるいろんな感じを確かめさせます。クールダウンには、ヨーガの夢見のポーズを利用しましょう。からだ全身を大地にあずけ、からだ全体の感覚を受けとめることのできるように促します。

実践編

この耳だあれ？　【耳の体操】

① ♪おみみさん、おみみさん、おみみさん、誰でしょね
　　……横にひっぱって「ダンボ！」

② ♪おみみさん、おみみさん、おみみさん、誰でしょう
　　……上にひっぱって「宇宙人！」

③ ♪おみみさん、おみみさん、おみみさん、誰でしょね
　　……下にひっぱって「お坊さん！」

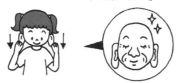

④ ♪おみみさん、おみみさん、おみみさん、誰でしょう
　　……耳を折ってふさいで「餃子！」
　「おいしそう、もしゃもしゃ」
　　……耳をくすぐる

チョウチョウがとんできて、お花をちゅ・ちゅ・ちゅ・ちゅ　【鼻の体操】

※鼻づまりは集中力低下の原因になります。

「ちょうちょう」の歌に合わせて
♪ちょうちょう、ちょうちょう　お花にとまれ
♪ちょうちょうがとんできて　お鼻にとまった
　　……子どもの片鼻を指でおさえます。

「あれ、〇〇ちゃんのお鼻だね」

「ちょうちょさん、まちがってるよ
教えてあげましょう。ふんふんふ〜ん」
　　……開いている片鼻から息を出させます。

※繰り返して反対側の鼻もふさぎ、息を出させます。
※ちり紙を用意しておきましょう。

♪ちょうちょう、ちょうちょう
「今度は、〇〇ちゃんの頭の後ろにとまってますよ」
　　……鼻がとおっていない場合があるので、首の後ろをマッサージします。

良寛さんの歯・えんまさんの舌　【口の体操】

良寛さんの歯ッパ、カチ　カチ　カチ　カチ
　　……歯をカチカチ38回。
※良寛さんの健康法です。大脳を刺激して、咀嚼力を強化します。

えんまさんのベロ、ベッベッベ〜　えんまさんに舌を見せましょう。よい子の舌は抜きませんよ。
　　……口を大きく開けて、舌を長く伸ばします。
※舌の筋肉運動。口臭予防にもなります。

第1章　ヨーガ

(2) まねまねヨーガ―一つずつのポーズを楽しむ方法と特徴―

どんなふうに真似ても、「○○ちゃんらしいポーズだね」とその姿を受け入れて、子ども自身がからだを動かす「快」を得ることができるように行います。息とイメージ豊かなこころで、からだを動かしていくのが特徴です。無理や競争をさせません。

ねじる

「からだをそっとねじりましょう。こころイジイジが飛んでいきます」
【動きの特徴】からだをねじることで脊柱をねじり、全体の関節を整えます。
【効　　果】脊柱のゆがみが矯正されます。
　　　　　　脊椎神経が正しくなり神経経路が活性化します。
　　　　　　内臓が活性化し、からだのぜい肉がとれます。
※ねじりの軸になる側を慎重に観察しながら動くこと。
　ねじった後は左右の調整運動をするようにしてください。

よこのばし

「からだのよこをのばしましょう。こころくよくよが飛んでいきます」
【動きの特徴】体側を片方に曲げることで、反対側の体側を伸ばします。
【効　　果】筋肉と椎骨に刺激を与え、柔軟にします。胸郭を発達させ肋間筋を弾力的にして呼吸機能を高めます。側腹部周辺の内臓、特に肝臓、脾臓を強化します。脊椎下部の血行がよくなり、骨盤のゆがみを修正します。からだの左右の不均衡を整えます。
※まえかがみにならず、骨盤を安定させることを意識して呼吸を流すこと。
　倒すことを意識しすぎるのではなく、骨盤を基盤にして気持ちよくのばすように。

うしろのばし

「からだのうしろをのばしましょう。こころがしんしんと静まります」
【動きの特徴】頭の上から背中、足のかかとまでのうしろ側を伸ばします（椎間板・足裏の腓腹筋・アキレス腱のストレッチ）。
【効　　果】脊椎の靭帯を強くします。腹部の各部が刺激され、消化機能が促進します。腰椎を強く刺激して生殖器・膀胱が活性化します。
※無理に伸ばさないように。痛む寸前でとどめること。
　無理のない位置で呼吸を伴わせて観察することが大切です。

バランス

「からだでバランスをとりましょう。こころハラハラがおさまります」
【動きの特徴】からだの一部を使ってからだの全体を支えて安定させます。
【効　　果】自律神経を整えます。平衡感覚を発達させます。バランスのとれたからだをつくります。
　　　　　　手・足首、ひざ・股関節を整えて柔軟にします。
※この体位をするプロセスでは首を使うため、絶対によそ見をさせないように。
　子どもの発達に応じて行うこと。

実践編

（3） おはなしヨーガ─ 一連のプログラムを楽しむ方法と特徴─

子どもの大好きなお話をつかって、想像の世界でからだを動かしていきます。子どもに問いかけながらすすめてもよいでしょう。

ブレーメンの音楽隊

①昔、ロバが犬をさそって、ブレーメンに行くことにしました。
　2匹とも年をとって、ご主人に捨てられそうだったのです。
　「ブレーメンへ行って音楽隊に入ろう！」

②途中で猫に会いました。
　猫も年をとっていて、川に捨てられそうだったのです。
　ロバと犬は「ブレーメンへ行って音楽隊に入ろう！」と猫をさそいました。

③途中でにわとりに会いました。
　にわとりも年をとっていて、スープにされそうだったのです。ロバと犬と猫は、
　「ブレーメンへ行って音楽隊に入ろう！」とにわとりをさそいました。

④4匹は、ブレーメンをめざして歩いていましたが、どんどん夜が更けて月が出て……森の中。

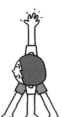

⑤星も輝きはじめました。
　どこかに家はないかなぁ……。

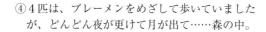
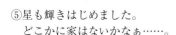

⑥明かりのついた家が一軒。
　窓をのぞくとドロボーたちが机の上に宝物を広げてごちそうを食べて大パーティーをしています。

⑦4匹はいっせいに鳴き声を出して、ドロボーたちをおどろかせました。
　「ワン・ニャー・コケコッコ・ヒヒーン」

⑧びっくりしたドロボーたちは、ひっくり返って、大慌てで逃げていってしまいました。
　動物たちはぐっすりおねんね…。この家で仲良く音楽隊をして、暮らしたんですって。

（4）みんなでヨーガ　─共同でつくりあげるポーズを楽しむ方法と特徴─

　子どもが安全で安心できる場、自信をもってじぶんらしくいることのできる場になるように温かい言葉がけをし、皆で考えた、やった、できた悦びを味わわせていきます。

[文献]
1）佐保田鶴治：ヨーガ根本経典，平河出版，p.66, 1978.
2）伊藤華野：幼児のヨーガに関する研究1─姿勢不良児とヨーガの実践─，姫路学院女子短期大学紀要21号，pp.175-183, 1994.

第2章 キッズエアロビック

〔田中芳美〕

実践編

1 キッズエアロビックでの心とからだの発達

エアロビックは、心肺機能の向上の他、柔軟性・バランス感覚・リズム感・コミュニケーション能力・連結性など、様々な運動能力の発達を促します。音楽に合わせてからだを動かすということは、楽しいことです。楽しく運動しながら、様々な運動能力の発達を促し、子どもの心とからだの成長に大いに役立てましょう。

2 エアロビックの基本動作

(1) スタンディング編「立位」

① ダウンアップ
（両足を肩幅ぐらいに開き、膝の曲げ伸ばしを行います）

【留意点】
・つま先と膝の向きが同じ向きであることを確認しましょう。
・膝を柔らかく使い、上下運動をしましょう。
・膝が伸びたときに、突っ張らないようにしましょう。

② バウンス
（軽く足を開き、腹の上下運動とともに、踵を上げます）

【留意点】
・つま先と膝の向きが同じであることを確認しましょう。
・足首と膝を柔らかく使い、足の裏で床を蹴りましょう。
・腕を軽く曲げ、前後に振りましょう。

③　ウォーキング
（腕を前後に振って、リズミカルに歩きます）

【留意点】
・つま先、踵、膝をしっかり使い、リズミカルに歩きましょう。
・腕を軽く曲げ、前後へ交互に振りましょう。
・肩の力を抜き、リズミカルに歩きましょう。

④　ジョギング
（腕を前後に振り、リズミカルに走ります）

【留意点】
・つま先と膝の向きが同じであることを確認しましょう。
・腕を軽く曲げ、前後へ交互に振りましょう。
・足首と膝を柔らかく使い、軽快に走りましょう。
・走るときは、後ろに足を蹴り上げましょう。

⑤　ヒールタッチ
（片足ずつ踵を前の方に出し、もとの位置にもどします）

【留意点】
・踵を前に出すのと同時に、もう一方の足は軽く膝を曲げ、膝をロックしないようにしましょう。
・踵をしっかりと床につけ、リズミカルに行いましょう。

⑥　トータッチ
（片足ずつ、つま先を前に出し、もとの位置にもどします）

【留意点】
・つま先を前に出すのと同時に、もう一方の足は軽く膝を曲げ、膝をロックしないようにしましょう。
・つま先をしっかりと床につけ、リズミカルに行いましょう。

⑦　オープントータッチ
（両足を肩幅より広めに開き、膝の曲げ伸ばしを行う中で膝が伸びたときに、左右交互に重心移動を行います）

【留意点】
・つま先と膝の向きが同じであることを確認しましょう。
・左右交互に重心移動を行うと同時に、上下運動も行いましょう。
・膝を伸ばしたときにロックしないようにしましょう。

⑧　ステップタッチ
（片足ずつ一歩横に踏み出し、もう片方の足を引き寄せつま先を床につけます）

【留意点】
・左右交互に重心移動を行うと同時に、上下運動も行いましょう。
・重心移動や上下運動は、おへその位置を意識して行いましょう。

⑨　ステップバック

（片足ずつ前方に踏み出して、重心移動を行います。着地と同時に膝を曲げ、もとの位置にもどします）

【留意点】
・つま先と膝の向きが同じであることを確認しましょう。
・足を前に出したときは、しっかりと重心移動を行いましょう。
・足をもどすときは、前の足で床をしっかり蹴り、もとの位置にもどします。

⑩　Ｖステップ

（片足ずつ一歩斜めに踏み出し、Ｖの字を描き、もとの位置にもどします）

【留意点】
・つま先と膝は、やや外向きに開きましょう。
・足を前に出し、床に着地すると同時に、膝を軽く曲げましょう。
・足を前に出したときに、上体が前傾しないように注意しましょう。

⑪　ニーアップ

（片方ずつ膝を引き上げます）

【留意点】
・膝を引き上げたときに、背中が丸くなったり、後ろに反ったりしないように注意しましょう。
・交互に膝を引き上げ、テンポよく行いましょう。

⑫　キック
(軽く弾みながら後ろに蹴り上げた後、前に蹴り出します)

【留意点】
・軸足のつま先と膝が、内側を向かないように注意しましょう。
・軸足を使って、しっかりと弾みましょう。

⑬　レッグカール
(両足を肩幅ぐらいに開き、左右交互に重心移動を行い、重心がのっていない方の足を後ろに曲げます)

【留意点】
・左右交互にしっかり重心移動を行いましょう。
・後ろに蹴り上げる足は、お尻を蹴るようなイメージで行いましょう。

⑭　ケンケン
(左右交互に片足で2回ずつ、弾みます)

【留意点】
・腕を軽く曲げ、リズムをとり、ケンケンのタイミングに合わせながら、前後に振りましょう。
・片足なので、無理のない範囲で2回ずつ弾みましょう。

第2章 キッズエアロビック

⑮ ジャンピンジャック
（弾みながら両足を1で左右肩幅ぐらいに開き、2でもとの位置にもどします）

【留意点】
・つま先と膝の向きが同じであることを確認しましょう。
・足首と膝を柔らかく使い、しっかり弾みながら開閉動作を行いましょう。
・動作を行うときに、上体が前傾しないように注意しましょう。

(2) フロア編「座位」「床利用」
① 腕支持
（長座、あぐら、開脚、四つ這いの体勢になり、両手で床を押してお尻を上げます）

【留意点】
・手をつく位置は、一番安定する位置に置くようにしましょう。
・尻を下ろすときに、勢いよく下ろさないようにしましょう。
・尻を持ち上げたとき、伸ばした腕の肘はロックしないようにしましょう。
・無理のない範囲で、楽しく行いましょう。

② 床でバランス
（座位の体勢で、床から両手、両足を離して、お尻だけでバランスをとります）

実践編

【留意点】
・両手でうまくバランスをとりましょう。
・まわりの環境に注意して、人や物にぶつからないようにしましょう。
・背中が丸くなりすぎたり、後ろに反りすぎたりしないように注意しましょう。

③　腹筋運動（腕支持を含む）
（長座、あぐら、開脚の体勢になり、両手で床を押し、お尻を持ち上げます）

【留意点】
・尻を持ち上げるときに、お腹を縮める意識をしっかりもちましょう。
・無理のない範囲で行いましょう。
・尻を下ろすときに、勢いよく下ろさないように注意しましょう。

④背筋運動
（うつ伏せになり、両手両足を同時に上げます）
【留意点】

・両手、両足は、できるだけ同時に上げましょう。
　同時に上げることが難しいようであれば、手足
　をわけて上げます。
・手足を下ろすときは、勢いよく下ろさないように注意しましょう。
・無理のない範囲で行いましょう。

第2章　キッズエアロビック

(3) 空中編「空中利用」

① グージャンプ
（空中で両膝を抱え込む）

② チョキジャンプ
（空中で両足を前後に開く）

③ パージャンプ
（空中で両足を左右に開く）

④ 空中半回転
（手の振りを活用し、半分向きを変える）

⑤ 空中一回転
（手の振りを活用し、一回転する）

【留意点】
・ジャンプは、空中姿勢が大切です。背中が丸くなりすぎたり、後ろに反りすぎたりしないように注意しましょう。
・ジャンプを行うときに、腕の反動をしっかり使いましょう。
・着地するときは、足首と膝を軽く曲げ、優しい着地を心がけましょう。

3 プログラム

(1) プログラムづくり

　プログラムの内容は、子どもの年齢や体力などの状況に合わせて様々な動作を組み合わせ、バランスよく行うようにしましょう。

　内容や動作が偏ることのないように、しっかりと計画を立てて、1クラスが充実した時間になるように心がけましょう。

　常に子どもの成長を観察しながら、様々な動作を取り入れて、楽しく、そして、安全なプログラムづくりをしましょう。

表2-1　キッズエアロビックのプログラム（30分）

	指　導　内　容	留　意　点
導入	・集合して始まりの挨拶 ・様々な動作を交えながら、ウォーミングアップ ・ストレッチ（ペアストレッチ） ・動物の真似っこ（ジャンプやバランス）	・マナーを守り、明るく元気よく挨拶をする。 ・運動を行う環境に、危険性はないかを確認し、運動中に転倒やぶつかりがないように注意する。 ・あそびを取り入れながら、ストレッチを行う。 ・ケガ予防にしっかりストレッチを行う。 ・様々な動作を取り入れながら、からだ全身をバランスよく使う。
展開	・予め用意しておいた振りを、音楽に合わせて行う。 ・手足を分けて練習したり、子どもの様子をよく観察しながら進める。	・テンポの良い音楽を選択して、一つひとつ確認しながら丁寧に指導する。 ・振り付けは何分割化にして、レッスンごとにしっかりと計画を立てて行う。
まとめ	・実践した振り付けの復習・発表 ・ゲーム（整理運動を兼ねて） あまり走り回ったりしないゲームにして、2人組になる動作も取り入れ、コミュニケーションもはかるようにする。 ・集合して終わりの挨拶	・振りを覚えることが困難な年齢では、音楽を聞いて楽しむ感覚を実感してもらう。 ・不十分なところがあれば、重点的に確認する。 ・あそびを取り入れながら、整理運動を行う。 ・安全であり、子どもが楽しめるゲームを考える。

(2) 音楽と動きの選択

　音楽は、子どもたちが興味をもち、親しみやすく馴染みやすい曲を選択しましょう。自然にからだが動き出し、笑顔がこぼれるようなテンポの良い曲が適しているでしょう。季節やプログラムの内容に合わせ、様々な曲を利用し、子どもたちが飽きないように工夫します。

　動きの選択は、子どもたちの運動能力の発達を観察しながら、バランスよく選択することが望ましく、決して無理のないプログラムにしましょう。そして、年齢や人数に応じて様々な動作を組み合わせ、音楽に合わせて楽しく運動しましょう。

　年齢に合った運動能力を身につけるために、様々な動作を組み合わせるとともに、指導者が子どもたちといっしょになって動きのバリエーションを考え、発展させていくことも大切でしょう。

第3章 ティーボールあそび

〔前橋　明・片岡正幸〕

実践編

1　ティーボールあそびとは

　ボールとコーンがあったら、どのようなあそびができるでしょう。ボールをコーンの上に乗せて、固定されたボールを、手やバットで打ってみましょう。野球やソフトボールみたいですね。

　今、小学校では、ティーボールというスポーツが正課体育に登場し、人気になっています。ティーの上にボールを乗せて、そのボールをバットで打って、ソフトボールや野球のように運動します。

　このティーボールへ結びつく、幼児期のティーボールごっこ（あそび）は、子どもたちのからだの調整機能を高め、体力を向上させ、さらには、創造性や協調性を育むことができる魅力的な運動あそびです。

　ここでは、健康づくりに役立つティーボールあそびを紹介し、それらのあそびで育つもの、準備物、あそび方、配慮事項（年齢や発達による展開上・安全上の留意点や工夫）をとりあげて紹介していきます。

　ティーボールあそびでは、子どもたちがティーボールあそびをすることを好きになったり、その中で展開されるいろいろな種類の運動（打つ、とる、投げる、走る等）に、喜んで取り組もうとする意欲のある子を育てたいものです。そして、思いっきりからだを動かす喜びや運動後の爽快感のわかる子ども、感動できる子どもがたくさん育っていくことを願っています。

2　ティーボールあそびの内容

ゲートくぐり

【あそびを通して育つもの】
　協応性、筋力、操作系運動スキル、空間認知能力、集中力
【準備するもの】
　コーンまたはバッティングティー（1）
　ソフトバレーボール（1）
　プラスチックバット（1）

ゲート（3）…2つのコーンにゴムをつけたもの
バッティングサークル（1）…スタート地点として直径2mの円を描き、コーンとソフトバレーボール、プラスチックバットを置きます。

【あそび方】
①みんなでジャンケンをして、ボールを打つ順番を決めます。
②1番目の子は、スタート地点のバッティングサークル内に入り、ゲートの中をねらって、バットでボールを打ちます。
③ボールが止まった位置にコーンとバットを運び、その場から次のゲートをねらって、ボールを再度打ちます。ゲートの下を通らなかったら、通るまで、同じゲートに挑戦します。
④何回で、3つすべてのゲートを通すことができるかを競います。
⑤1人の子が終わったら、次の子です。順番に全員が行い、回数の最も少ない子の勝ちです。

【メ　モ】
・ゲートの大きさを変えたり、数を増やしたりして挑戦してみましょう。
・障害物を置いたり、ゲートに通す順番を決めてみるのも楽しいでしょう。
・数人でチームを作って、交互に打ち、チーム対抗戦にしてもおもしろいでしょう。

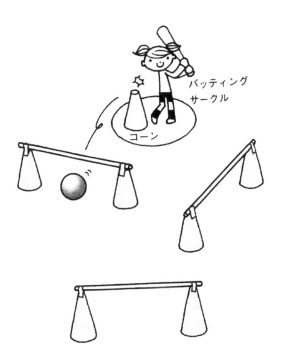

実践編

ティーボールボウリング

【あそびを通して育つもの】

協応性、巧緻性、空間認知能力、操作系運動スキル

【準備するもの】

バッティングサークル…2m

コーンまたはバッティングティー（1）

バット（1）…OFFICIAL Teeball 75cm

ドッジボール（1）

空ペットボトル（10）…大型

【あそび方】

①空のペットボトル10本を、ボウリングのピンに見立てて並べます。

②コーンの上のボールを打って、ペットボトルを倒します。

③倒した本数が自分の得点となります。

④1番多く得点した子の勝ちです。

【メ　モ】

・難しいときは、ボールやペットボトルを大きいものにしたり、手で打ったり、距離を近くにしたりして調節してみましょう。

・チーム対抗にして、チームのみんなで倒した本数の合計で勝敗を競ってもよいでしょう。

ティーボールダッシュ

【あそびを通して育つもの】
協応性、瞬発力、敏捷性、集中力、空間認知能力、移動系運動スキル

【準備するもの】
コーンまたはバッティングティー（1）
プラスチックバット（1）
ドッジボール（1）
バッティングサークル（1）…直径2m
スタートライン（1）

【あそび方】
①ジャンケンでバッターを1人決め、バッターはバッティングサークルの中に入り、バットを持ちます。
②他の子は、全員、スタートラインの手前に並びます。
③バッターは、バットで、コーンの上に乗っているボールを前方に打ちます。同時に、他の子は全員、走ってボールを取りに行きます。
④バッターは、バットをサークルの中に置いて、みんなといっしょにボールを追いかけます。
⑤ボールをとった子が、次のバッターになり、ボールを打つところから繰り返して遊びます。

【メ　モ】
・バッターが打つときに、他の子どもは、バットが当たらないように、バッティングサークル内に入らないようにしましょう。
・安全上、打ったバットは投げないように、サークルの中に置くようにさせましょう。

実践編

ヒット・キャッチ

【あそびを通して育つもの】
　協応性、瞬発力、操作系運動スキル、移動系運動スキル、空間認知能力

【準備するもの】
　スタートライン（1）
　バッティングサークル（2）…直径2m。この中にコーンとバットを置いておきます。
　コーン（2）
　バット（2）
　ソフトバレーボール（2）
　陣地（2）

【あそび方】
①1チーム数名で、AとBの2チームをつくり、スタートラインの手前に、チームごとに1列に並びます。
②合図があったら、1番先頭の子はボールを持って、バッティングサークルまで走ります。
③コーンの上にボールを乗せ、次の友だちに向けて、バットでボールを打ちます。
④ボールを打った子は、バットを地面に置き、バッティングサークル横の陣地内に入り

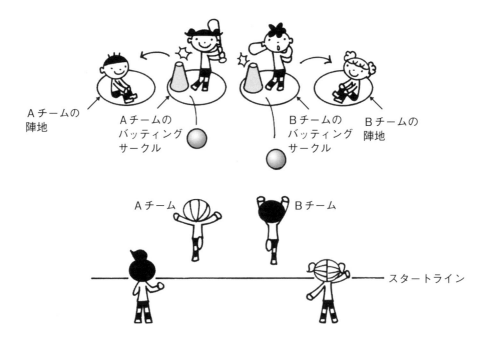

134

ます。スタートラインで待っている次の子は、ボールが打たれると、スタートラインを踏み出して、打たれたボールを捕りに行きます。
⑤ボールを捕ったら、その場からバッティングサークルを目指して走り、これまでと同じようにコーンの上にボールを乗せ、バットを持って、ボールを次の友だちに向けて打ちます。
⑥同様にして、チーム対抗のリレーをします。最後の子がボールを受けた後に、走ってバッティングサークルまで行き、ボールをコーンの上に乗せると終わりです。

【メ　モ】
・上達したら、1チームの人数を増やすか、距離を長くして、挑戦してみましょう。
・チーム対抗の場合は、安全上、チーム間の間隔をしっかりあけておくことが大切です。

ティーボールラン

【あそびを通して育つもの】
協応性、瞬発力、敏捷性、移動系運動スキル、空間認知能力

【準備するもの】
バッティングサークル（1）…直径2m、中にコーンを置きます。
コーン（2）…1つをバッティングティーに、もう1つを折り返し地点に目印として置きます。
バット（1）
ソフトバレーボール（1）
ゴールライン（1）

【あそび方】
①みんなでジャンケンをし、1番勝ちがバッターに、2番勝ちが審判になります。他の子は、全員、ひろがって守備につきます。
②バッターは、バッティングサークルの中から、バットでコーン上のボールをできるだけ遠くに打ちます。打ったら、バットをバッティングサークル内に置いてから、コーンをまわってゴールライン目指して走ります。
③守っている子は、ボールを捕りに行き、捕ったら、ボールを持ってゴールラインを目指して走ります。
④バッターとボールを受けた子の、どちらがはやくゴールインするかを競います。

実践編

⑤このとき、審判はゴールラインの端に立ち、どちらがはやくゴールインしたかをジャッジします。勝った方が、次の審判となります。

⑥審判は、新しいバッターとなり、ゲームを再開します。

【メ　モ】

・バッターの方が常に早くもどってゴールインできる場合は、折り返し地点までの距離を少しずつ長くしていきましょう。

・いろいろな大きさのやわらかいボールに変えて楽しんでみましょう。

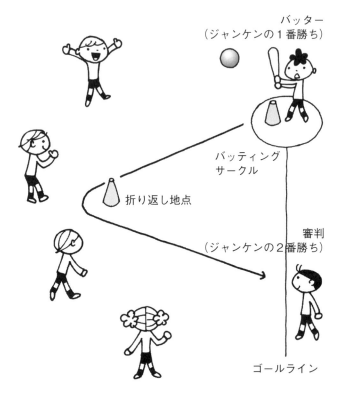

サークルラン

【あそびを通して育つもの】

協応性、瞬発力、操作系運動スキル、移動系運動スキル、空間認知能力

【準備するもの】

　バッティングサークル（1）…直径2m

　コーンまたはバッティングティー（1）

ソフトバレーボール（1）
プラスチックバット（1）
円コート（1）…直径15〜20mの円

【あそび方】

①同数になるように2チームに分かれ、攻撃と守備、バッターの順番をジャンケンで決めておきます。

②攻撃チームの最初のバッターは、バッティングサークルの中に入り、他の子はベンチで打順を待ちます。守備チームは、円コートの外に分かれて立ちます。

③バッターは、ボールをできるだけ遠くに打ち、バットをバッティングサークル内に置いて、円上を反時計まわりに走ります。守備の子は、ボールを捕りに行き、捕ったらボールを両手で持ち上げて、「ストップ！（とまれ）」と言います。この合図で、バッターは、その場で止まります。

④次のバッターが打ったら、前のバッターもその場から円に沿って走ります。1周してバッティングサークル内に入ったら、1得点とします。

⑤攻撃チームの子が、全員1回ずつボールを打ったら、守備と攻撃を交代します。

⑥得点の多いチームの勝ちです。

【メモ】

・あそびに慣れたら、円の大きさを大きくしたり、対戦数を増やして遊んでみましょう。

・時計まわりに走ることも行い、動きに偏りをもたせないようにしましょう。

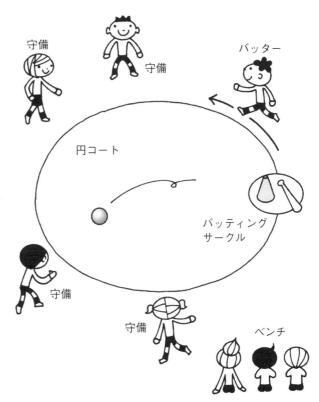

タッチアップ

【あそびを通して育つもの】

協応性、瞬発力、敏捷性、スピード感、操作系運動スキル、移動系運動スキル、空間認知能力

【準備するもの】

バッティングサークル（1）…直径2m

ベース（2）…1塁と2塁ベースを、バッティングサークルから、それぞれ10m程離れたところに置きます。

コーン（1）…バッティングサークルの中に置きます。

ソフトバレーボール（1）

バット（1）

ファウルライン（2）

【あそび方】

①同数になるように、2チームを作ります。チームの代表が出てジャンケンをし、先攻と後攻を決めます。

②後攻のチームは、全員守備につきます。

③先攻のチームは、打順を決め、1番はバッティングサークル内に入り、2番は1塁ベースの上に位置します。3番以降は、1塁ベースの近くで待機します。

④1番は、コーン上のボールを思い切り遠くに打ちます。打ったら、その場で応援します。ファウルラインの外へ出したら、やり直します。

⑤1番の子どもがバッターとしてボールを打ったら、2番の子どもは1塁ベースをスタートして、2塁に向かって走ります。2塁ベースの上に足をつけたら、バッティングサークルの中に向かって走ります。

⑥守備の子は、打たれたボールを捕るやいなや、そのボールをもって、バッティングサークル内に走り込みます。この場合、ボールをもって走るだけでなく、ボールを投げたり、パスしたりして、バッティングサークルまで運ぶこともできます。

⑦バッティングサークル内に攻撃チームが早くもどったら、1点が入ります。守備チームの方が早かったら、攻撃チームの得点は0点です。

⑧1番にボールを打った子は、順番に並んで走者として、待機します。走った2番目の子が、次のバッター、3番の子が1塁上の走者となり、それぞれ役割をローテー

ションします。

⑨攻撃チームのメンバー全員が打ち終えたら、攻守を交代します。メンバー全員が打ち終えたときの合計得点を競います。

【メ　モ】
・上達したら、3つベースを用意して、1塁から2塁、そして3塁を回ってバッティングサークルへという、四角コートにしてもよいでしょう。
・スタートを2塁ベースからにしてもよいです。

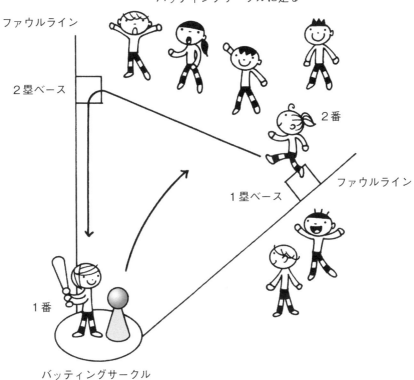

実践編

ボールコレクター

【あそびを通して育つもの】

協応性、瞬発力、敏捷性、スピード感、操作系運動スキル、移動系運動スキル、空間認知能力

【準備するもの】

バッティングサークル（1）…直径2m

1塁サークル（1）…バッティングサークルとラインで結び、ファウルラインとします。

コーン（1）…バッティングサークルの中に置きます。

ソフトバレーボール（チームの人数分）

バット（1）

ファウルライン（2）

【あそび方】

①みんなで、同数になるように、2チームを作ります。

②チームの代表が出てジャンケンをし、先攻と後攻を決めます。

③後攻のチームは、全員守備につきます。

④先攻のチームは、打順を決め、1番から順にバッティングサークルに入り、コーン上のボールを思い切り遠くに打ちます。打ったら、バットを置き、1塁サークルに向かって走り、1塁サークルの中のボールを1個もって、バッティングサークルにもどります。

⑤守備の子は、打たれたボールを捕ります。ボールを捕ったら、そのボールを持って、バッティングサークルに走り込みます。

⑥攻撃チームが早くもどったら、1点が入ります。守備チームが早かったら、攻撃チームの得点は0点です。

⑦攻撃チームのメンバー全員が打ち終えたら、攻守を交代します。後攻のチームが攻撃チームとなって、メンバー全員が打ち終えたときの合計得点を競います。

【メ　モ】

・子どもたちがルールを理解し、あそびに慣れてきたら、1回戦だけでなく、数回戦行うと楽しいでしょう。

・守備チームは、ボールを捕った子がボールを持って走るだけでなく、ボールをパスし

てバッティングサークルまで運んでもよいでしょう。
- バッターがボールを持ってバッティングサークルにもどってきたら、サークル内にボールを置いて、もう一度、1塁サークル内のボール（1個）を取りに行くというルールにしてもよいでしょう。その場合、守備者よりも早くバッティングサークル内に持ち帰ったボールの個数を得点とします。
- バッティングサークルと1塁サークルの折り返しだけでなく、2塁サークルを設けて、その2塁サークル内に両足を踏み入れてから、バッティングサークルにもどるというバリエーションも楽しんでみましょう。
- ボールの大きさや重さ、コートの広さ、バッティングサークルと1塁サークル間の距離は、子どもたちの運動能力のレベルに応じて変えてください。

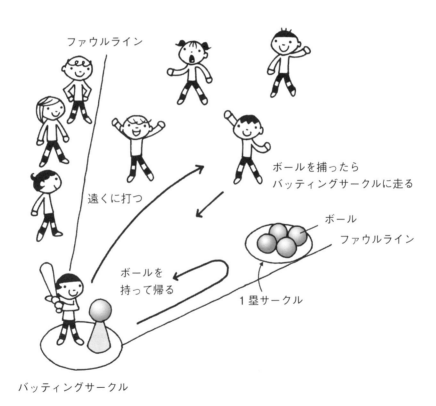

実践編

ネットキャッチ

【あそびを通して育つもの】

協応性、敏捷性、スピード感、操作系運動スキル、空間認知能力

【準備するもの】

コーンまたはバッティングティー（1）

バッティングサークル（1）…直径2m

プラスチックバット（1）

ビーチボール（1）

ネット（1）

【あそび方】

①みんなでジャンケンをして、勝った子から、順番にバッターになります。

②バッターはサークルの中に入り、フライを打ちます。3回打つことができます。

③他の子は、4人で1つのネットを持って、飛んできたビーチボールをネットで受けます。

④バッターは、3回打ったら、次の子に交代します。

⑤これを繰り返して遊びます。バッターは、上手にフライを打ち、4人の子は協力して、ボールを上手にネットで受けることが目的です。

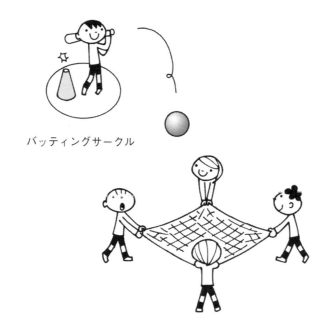

バッティングサークル

【メ　モ】
- 上手になったら、バッター1人とネットを持つ子4人がチームとなり、複数チームを作って何球うまく連続して捕球できるかを競ってもよいでしょう。この場合、捕球のためのスタートラインを決めておくとよいでしょう。
- ビーチボールの他に、ソフトバレーボールを使ったり、4人で持つネットを、2人で持って行ったりして、バリエーションを楽しんで下さい。

3　障がい児のためのティーボールあそび

なかよしボール

【あそびを通して育つもの】
　筋力、瞬発力、協応性、空間認知能力、操作系運動スキル［打つ・捕る・車輪を回す（車椅子利用児）・車椅子を押したり止めたりする（車椅子介助者）］、移動系運動スキル（走る）

【準備するもの】
　バッティングサークル（2）…直径2m
　ファウルライン（2）
　コーン（3）…2個をバッティングサークル内のバッティングティー用に、1個を折り返し地点用に使います。折り返し地点用のコーンは、ファウルライン近くに置きます。
　プラスチックバット（2）
　ソフトバレーボール（2）

【あそび方】
①みんなで2チームを作ります。車椅子の子どもには、補助者（介助者）が1人つきます。
②チームの代表がジャンケンをし、攻守を決めます。
③攻撃チームは、打順を決め、2人ずつバッティングサークル内へ入っていきます。車椅子利用の子どもは、補助者といっしょに入ります。補助なしで動くことのできる子どもは、1人で挑戦してみましょう。
④2人が声をかけ合って、同時にコーン上のボールをできるだけ遠くに打ちます。打ったら、車椅子を走らせて折り返し用コーンを回り、自分が入っていたバッティングサークル内にもどってきます。守備チームの子どもは、ボールを捕球したら、ボール

を持ってバッティングサークル内を目指して走ります。2つのサークルの中に、1人ずつ入るようにします。どちらのサークルに入っても、かまいません。

⑤打者が、守備の子どもよりも早くバッティングサークル内にもどったら、1点獲得です。守備の子どもの方が早かったら、攻撃チームは得点できません。

⑥攻撃側のメンバー全員が打ち終わったら、攻守を交代します。得点の多いチームの勝ちとします。

【メ　モ】

・車椅子利用の子どもと健常児が半数ずつで参加している場合は、攻撃の際に、バッティングサークルにそれぞれ1人ずつ入って打撃をしますが、その攻撃後には2人が協力

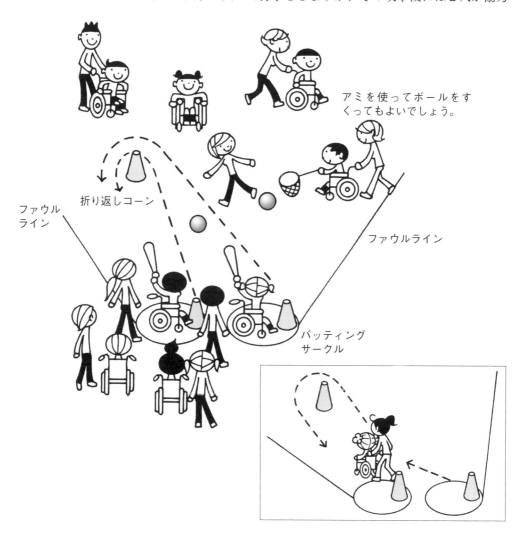

し合って移動するようにします。例えば、健常児が、車椅子利用児の車椅子を押して、いっしょに移動します。ただし、もどってきたら、それぞれのバッティングサークル内に分かれて入ることにします。
・アミを使ってボールをすくってもよいでしょう。
・折り返し用のコーンは、打者の能力に応じて、距離や方向を工夫して位置を決めてもよいでしょう。

めざせ！ ゴールサークル

【あそびを通して育つもの】
　協応性、筋力、瞬発力、敏捷性、操作系運動スキル（打つ・捕る）、移動系運動スキル（走る）、空間認知能力

【準備するもの】
　バッティングサークル（1）…直径2m
　コーン（1）、ソフトバレーボール（1）、プラスチックバット（1）
　ファウルライン（2）…バッティングサークルから扇を描くように2本のラインを引きます。
　ゴールサークル（1）…直径4mの円を、打ったボールの落下地点付近に描いておきます。そして、ゴールサークルから、2つのファウルラインを結ぶ線を描き、ゴールサークルラインとします。

【あそび方】
① 1チーム3名以上で構成し、2チームを作ります。車椅子利用者には、補助者をつけてもよいこととします。そして、ジャンケンで攻守を決めます。
② 攻撃チームのバッターは、扇形コート内で、できるだけ遠くへボールを打ちます。ファウルライン内でゴールサークルラインを越えないような短い打球はやり直しとします。ゴロで越すのもよいでしょう。打ったら、ゴールサークルへ向かって移動します。
③ 守備チームは、打たれたボールを車椅子に当てれば捕球したこととし、その後、補助者がボールを拾ってボールを持たせてあげ、いっしょにゴールサークルに向かって移動します。
④ バッターがゴールサークルへ早く到着したら、攻撃チームに1点が入ります。守備チームの方が早ければ、0点です。全員が打ってからの合計をチームの得点とします。

⑤先攻チームのメンバー全員が打ったら、攻守を交代します。

⑥チームの得点の多い方の勝ちとします。

【メ　モ】

・上達したら、柔らかいボールの種類で、ボールの大きさを変えたり、ゴールサークルまでの距離を変えたりして、バリエーションを楽しんでください。

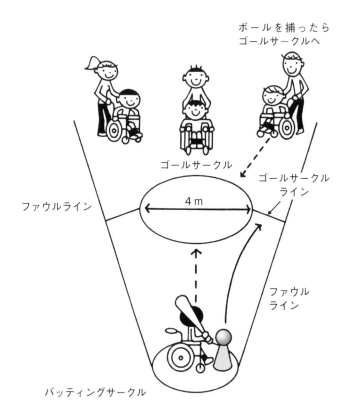

サークルコース

【あそびを通して育つもの】

協応性、瞬発力、筋力、操作系運動スキル（打つ・捕る）、移動系運動スキル（走る）、空間認知能力

【準備するもの】

　バッティングサークル（1）…直径2ｍ

　コーン（1）、ソフトバレーボール（1）

プラスチックバット（1）
ゴールサークル（1）…直径4mの円を、バッティングサークルの隣に描いておきます。
サークルコース（1）…バッティングサークルを起点にして円を描き、ゴールサークルまで結びます。
ファウルライン（2）

【あそび方】
①1チーム5名以上（うち車椅子利用者3名以上。車椅子利用者と補助者のペアで参加してもよい）で2チームを作ります。
②チームの代表が出てジャンケンをし、攻守を決めます。
③攻撃チームは順番を決め、バッティングサークルから、できるだけ遠くにボールを打ちます。打ったら、サークルの外をまわって、ゴールサークルへ向かって走ります。車椅子利用児がバッターの場合は、補助者もいっしょに並走します。
④守備側は、ボールを捕りに行きます。車椅子利用者が捕球する場合は、車椅子にボールが当たったら、補助者がボールを拾って車椅子利用児に手渡し、車椅子利用児といっしょにゴールサークルを目指します。
⑤ボールを打った攻撃側とボールを捕った守備側のどちらが早くゴールサークル内に入るかを競争します。守備側が早ければ、攻撃側は0点とします。

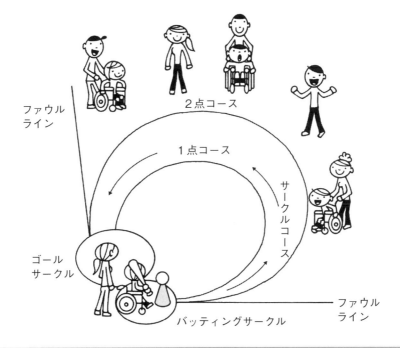

⑥チームの全員がボールを打ったら、得点を合計し、攻守を交代します。1回の合計得点の多いチームの勝ちです。

【メ　モ】
- 1点のサークルコースの外に2点コースを描きます。打った段階で、バッターはコースを選んで得点を競います。1点コースをまわってゴールインしたら1点、2点コースをまわってゴールインしたら2点とします。
- 1回だけの攻防でなく、数回行った合計得点を競ってもよいでしょう。
- 打球がファウルラインの外側に出たら、やり直します。3回まで打ってファウルラインの内側に入らなければ、次のバッターと交替するというルールを設けてもよいでしょう。

4　親子のティーボールあそび

ストレートティーボールあそび

【あそびを通して育つもの】
協応性、瞬発力、敏捷性、操作系運動スキル、移動系運動スキル、空間認知能力

【準備するもの】
　コーン（2）…バッティングティー用・折り返し地点用
　プラスチックバット（1）
　ソフトバレーボール（1）
　バッティングサークル（1）…直径2m
　ボール渡しサークル（1）…直径2m
　※以上が親子1組用。対抗したいチーム数分を用意する。3チームの対抗戦の場合は、3セット準備する。

【あそび方】
①親子が1組となり、子どもはバッティングサークル内に、親は折り返し用コーンの手前で守備につきます。
②子どもは、全員、自分の親に向かってボールを打ちます。
③親は、わが子が打ったボールを捕球して、自分のコース上の折り返しコーンを回って、ボール渡しサークル内へ向かいます。

第3章　ティーボールあそび

④子どもは、ボールを打ったら、バットをバッティングサークル内に置いて、ボール渡しサークルへ走っていきます。
⑤子どもは、親が捕球したボールを、ボール渡しサークル内でもらってから、バッティングサークルの中に急いでもどります。
⑥早くボールを持ってもどった組の勝ちです。

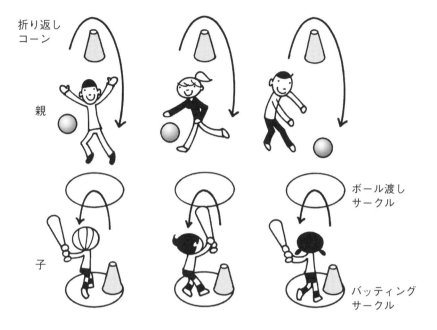

【メ　モ】
・2チーム以上のチーム対抗リレーにすると、あそびが盛り上がるでしょう。
・子どもがボールを真っすぐ打てるよう、親が声をかけたり、手を振ったりして、目印になってあげるとよいでしょう。
・安全のため、チーム間の間隔を十分に空けておきましょう。

エプロンキャッチ競争

【あそびを通して育つもの】
　協応性、瞬発力、敏捷性、筋力、操作系運動スキル、移動系運動スキル、空間認知能力
【準備するもの】
　バット（2）

コーン（2）

ドッジボール（2）

バッティングサークル（2）…直径2ｍ

折り返しサークル（2）…直径2ｍ

エプロン（2）

【あそび方】

①両親と子どもの3人で1チームとし、2チーム作ります。

②チームごとに、子どもはバッティングサークルの中に入り、お父さんとお母さんは折り返しサークルの中に入ります。そして、お母さんは、エプロンをします。

③子どもは、バットでコーン上のボールを打ちます。ねらいは、自分のチームの折り返しサークル付近です。ボールを打った後は、折り返しサークルに向かって走ります。

④ボールが打たれたら、お母さんはボールを捕りにいきます。身に着けたエプロンの下の部分を両手で持って広げて、ボールを受けたり、すくい捕ったりします。

⑤お母さんは、ボールをエプロンで捕ったら、ボールを持って、折り返しサークルまで急いでもどります。

⑥子どもとお母さんが、折り返しサークルに到着したら、お父さんは子どもをおんぶし、お母さんは子どもにボールを渡します。

⑦お父さんは、ボールを持った子どもをおんぶしたまま、バッティングサークル（ゴール）へ向かって走ります。

⑧早くゴールインしたチームの勝ちです。

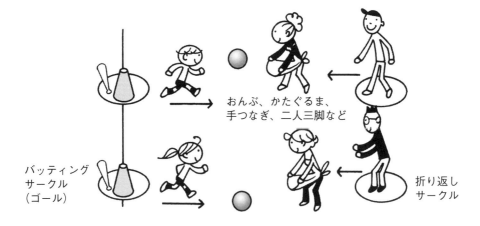

【メモ】
- 各家族で、ゴールインするまで何秒かかるか、挑戦するのを楽しみましょう。時間を短縮できるかな？
- お父さんとお母さんの役割を交代して楽しんでみましょう。
- おんぶの代わりに、肩車、手つなぎ、二人三脚もしてみましょう。
- 多くの家族で、対抗リレーにすると、もっと盛り上がります。
- エプロンの張りを利用してボールを飛ばす「エプロン飛ばし」で、お父さんにボールをパスしてもよいでしょう。

ドリブルバック

【あそびを通して育つもの】

協応性、瞬発力、敏捷性、操作系運動スキル、移動系運動スキル、空間認知能力、身体認識力

【準備するもの】

バッティングサークル（2）…直径2m
プラスチックバット（2）
ドッジボール（2）…2色
コーン（2）

【あそび方】

①親子ペアで集まり、AとBの2チームに分かれます。このとき、チームごとにチームのボールを決めます。

②チームごとにバッターペアと守備ペアを決めます。

③各チームのバッターペアの子どもは、相手チームのボールを持ってバッティングサークルに入り、審判の合図で一斉にコーン上に乗せたボールを思い切り遠くに打ちます。

④守備ペアは、相手チームが打った自分のチームのボールを、手をつないで取りにいきます。

⑤ボールは足で受け取り、そのまま足でドリブルをして、自分のチームのバッティングサークル内まで運びます。早くボールをバッティングサークル内にもどしたチームの勝ちです。

実践編

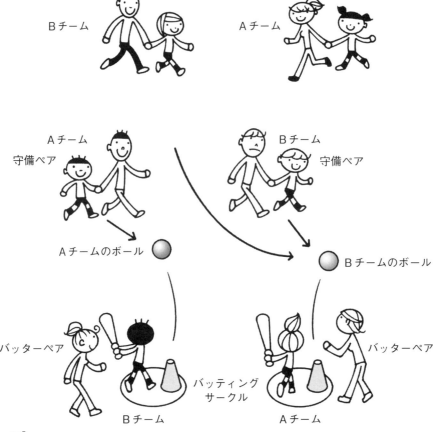

【メ　モ】
・あそびに慣れたら、親もバッティングをしてみましょう。
・上達したら、守備チームはボールをドリブルで運ぶだけでなく、仲間同士でパスをしながらゴールしてもよいでしょう。

おんぶでゴール

【あそびを通して育つもの】
　協応性、筋力、瞬発力、敏捷性、操作系運動スキル、移動系運動スキル、空間認知能力
【準備するもの】
　コーン（1）
　バット（1）

ソフトバレーボール（1）
バッティングサークル（1）…直径2m
センターサークル（1）…直径3m
円形コート（1）…バッティングサークルを円周上に描きます。

【あそび方】

①親子でペアとなって、4〜5組からなるチームを2チーム作ります。各チームから代表の子どもが出てきてジャンケンをし、攻守を決めます。

②攻撃側は、1番バッターの子どもがバッティングサークルの中に入ります。そのとき、1番バッターの親は、バッティングサークルの外で待ちます。守備側は、円形ラインの外側で、親子ペアができるだけ近づいて守りにつきます。

③バッターは、コーン上のボールをバットで思い切り遠くに打ちます。打った子どもは、円形ラインの外を右側から走り、打った子どもの親は、円形ラインの外を、子どもと逆方向の左側から走ります。

④守備側のチームは、打たれたボールを子どもがキャッチしにいきます。キャッチした

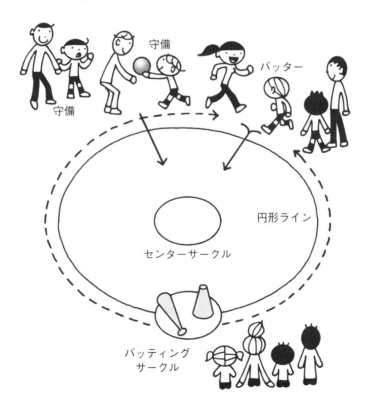

ら、ボールを親に渡します。親は、子どもをおんぶしてボールを持ち、センターサークルに向かって走ります。そのとき、ボールを落としたら、拾ってやり直しをします。

⑤円形ラインの外を走っている打った子どもとその親は、2人が出会ったらタッチをし、その場所から、親は子どもをおんぶしてセンターサークルに向かって走ります。

⑥攻撃側の親子が早くセンターサークルに入れば1点です。守備側の親子が早ければ、攻撃側は0点とします。

⑦攻撃の親子ペアが、全員打ち終わったら、守備チームと交代します。3回を目安にして、得点の高いチームの勝ちとします。

【メ　モ】

・慣れてきたら、円形ラインから三角ベースに変更してもよいでしょう。
・円形ラインの外を走る親子は、守備側の人とぶつからないように気をつけましょう。

おんぶでチャンプ！

【あそびを通して育つもの】

協応性、瞬発力、敏捷性、筋力、操作系運動スキル、移動系運動スキル、空間認知能力

【準備するもの】

　三角コート（1）

　コーン（3）…バッティングティー用・1塁用・2塁用

　プラスチックバット（1）

　ソフトバレーボール（1）

　バッティングサークル（1）…直径2m

　内野サークル（1）…直径2m。三角コートの中央部に描いておきます。

【あそび方】

①親子が1組となり、各組から子どもが出てきてジャンケンをし、打順を決めます。

②ジャンケンに負けた子どもの組は、全員、三角コートより外側の外野の守備につきます。

③ジャンケンで1番勝ちの子どもの組から順に、バッティングサークルへ行き、コーン上のボールをできるだけ遠くに打ちます。このとき、親は、バッティングサークルの後ろにつきます。

④子どもがボールを打つと同時に、親は2塁コーンを回って1塁コーンに向かいます。

第3章　ティーボールあそび

　　ボールを打った子どもは、バットをバッティングサークル内に置いて１塁コーンを目指して走ります。１塁コーンを回ったら、２塁コーンを目指して走り、親と出会ったら、親におんぶをしてもらいます。
⑤守備の子どもは、打たれたボールを捕ったらボールを持ち、親と手をつないで三角コート内の内野サークルに向かって走ります。内野サークルに入ったら、親におんぶをしてもらいます。
⑥早くおんぶをしてもらった方の勝ちで、チャンピオンとなります。
⑦攻撃側が勝てば、もう一度、攻撃できます。負けたら、守備につき、次はジャンケンで２番勝ちの組がバッティングサークルに行き、ボールを打ってあそびを続けます。

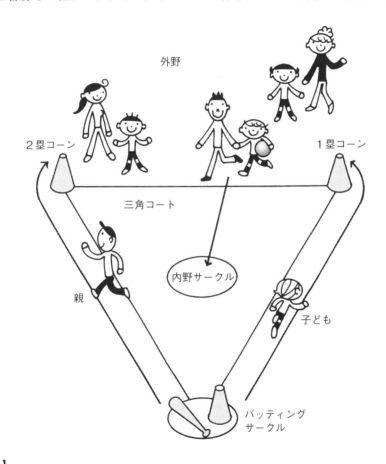

【メ　モ】
・１回勝てば、１点得点できるようにして、各組で得点を競ってみましょう。
・２チームに分けたチーム対抗にすると、あそびが盛り上がるでしょう。

・攻撃側が簡単に勝つようであれば、三角コートを大きくして、攻撃チームの走る距離を長くしてみましょう。

(前橋　明)

5　保育現場でのティーボールあそびの実際

(1) 幼児へのティーボールあそびの指導のポイント

　幼児へのティーボールあそびの指導は、簡単な内容で、誰もができる運動内容の導入から始めていき、徐々に発展的な運動を行うことが良いでしょう。個人差はあるものの、回を重ねるうちに技術が向上し、できることが増えていきます。試合では、ボールが飛んでこなかったり、打順を待つことで、運動量が少なくなるときもみられます。しかし、仲間の姿を見て応援することや、友だちのプレーを見ていっしょに喜ぶこと等、仲間を意識していくことの大切さに気づくようになります。運動量は、自分で打ったボールを捕りにいくことや、ベースランニングをすることで確保し、また、努めてボールを打つ回数や、ボールに触る回数を意識的に増やすことで、補うことができます。

(2) 幼児への指導6つのポイント

①すべきことの指示をするだけでなく、子どもたちに選択肢やヒント、質問を投げかけて、考える機会を与えます。
②運動技能の向上のためには、幼児でも理解できる言葉を用いて指導します。
③平易な課題から、発展的な課題へ高めていき、成功体験を通して、子どもたちに自信をもたせていきます。
④人と関わる能力や、社会性を育むためには、子どもたちの様子や表情を観察して、適切なタイミングで誉める・叱る・応援する等の言葉がけをします。
⑤幼児の集中できる時間は短いため、できるだけ多くの運動を行い、「次に何をするのだろう」という期待感を常にもたせます。
⑥毎回、子どもたちの健康と安全に配慮して、ケガのないように、指導を行います。

第3章 ティーボールあそび

(3) プログラムの内容

1) ウォーミングアップ

写真3-1　ランニング

写真3-2　体操

写真3-3　ストレッチ

写真3-4　ダッシュ

2) 守備

写真3-5　キャッチボール

写真3-6　遠投1

写真3-7　遠投2

写真3-8　ボールキャッチ1

実践編

写真3-9 ボールキャッチ2

写真3-10 ボールキャッチ3

3）バッティング

写真3-11 バッティング練習1

写真3-12 バッティング練習2

4）ボールコレクターの試合

写真3-13 試合1

写真3-14 試合2

写真3-15 試合3

写真3-16 試合4

5）室内での活動

写真3-17　室内1

写真3-18　室内2

(4) プログラムの作成と内容

　幼児ティーボールあそびのプログラムの作成にあたっては、まず、ティーボールあそびを構成する運動要素を分析し、次に、それぞれの要素を育成するための最終目標を決めます。そして、多くの幼児ができる運動から始めて、徐々に難易度を上げ、最後に目標に到達できるように、プログラムを作成します。

　ティーボールあそびの構成要素は、次の5つです。

① 打つ
② 走る
③ 捕る
④ 投げる
⑤ ティーボールあそび実践（試合）

①〜⑤の順に指導実践を行う際、最初に打つことを実施するのは、打つことが幼児にとって、最も興味をもち、楽しい動きだからです。最初に楽しい動作から始め、最後に難しい運動へと進めます。

①「打つ」：ボールを前に飛ばすことを目標とし、最初は、バレーボールサイズの柔らかい大きいボールを使用します。幼児が、少しでも打ちやすいことと、打ったときの爽快感を味わわせるためです。

②「走る」：ベースに走りこむことを目標に、最初は、カラーコーン間をダッシュします。慣れてきたら、カラーコーンをベースに変えることによって、ベースに走りこむことが、容易になります。また、スキップ・サイドステップ・両足ジャンプ等の動作を取り入れ、脚力の向上を図ります。

③「捕る」：打ったボールを手で捕れることを目標として、最初は、バレーボールサイ

ズの柔らかい大きいボールを用いて、投げ上げたり、地面についたりしたボールを胸やお腹を使わず、手で捕れるよう指導します。そうすることにより、小さいボールの手での捕球へと発展させることができます。

④「投げる」：ボールを投げるときの軸足となる足で、バランスよく立てるように、片足立ちを行って、バランス感覚を身につけさせます。そのことによって、ボール投げをした際の足の動きが、スムーズにできます。次に、ボール投げを行うことで、肩・肘・手首・指先などの使い方が、身につくようになります。

（片岡正幸）

第4章

水あそび・水泳

〔前橋　明〕

1 指導の基本的方向

　水あそびや水泳指導では、衣服の着脱を中心とした基本的生活習慣の指導から水あそびや水泳技能の指導までを折り込み、水の中でからだを思いきり動かすことを通じて、総合的な発達に働きかけるという考え方で当たるとよいでしょう。具体的な指導の場面でも各児の発達段階や健康状態、体力、興味など、個人差に応じた展開がなによりも必要です。

　指導初期には、顔を水につけることができたり、仲間といっしょに水をかけ合って楽しく遊べたりする等、水を怖がらず、水を使って十分遊べるように計画することが大切です。そして、活動過程の中で徐々にきまりを守り、危険なことはしないという社会的態度や安全に留意する習慣を身につけさせます。さらに、仲間と仲よく楽しく水あそびや水泳ができるようにするとともに、健やかな心身の発達と安定した人間関係をつくり、集団への適応がうまくなされるようにしたいものです。

2 水あそび・水泳の指導の方法

　一定の指導パターンがあるわけではありませんが、恐怖心をもたせないで泳ぎを習得させるために、一般的には次のような順序で指導が展開されています。

①水に慣れさせます。

　水中での移動やあそびを通して、水に対する恐怖心を取り除き、水に慣れさせます。陸上と同様の運動を水中で行い、顔に水がかかったり、水中で転んだりしても平気でいられるように、水に慣れさせます。

②顔を水につけます。

　徐々に顔を水面につけたり、水中で目を開けたり、そして、息をはけるようにしていきます。

③水中で安全に立ちます。

　子どもたちが強い恐怖心をもつのは、足が水底から離れ、からだが不安定な状態になることが多いからです。水中で、どんな状態になろうとも、安全に立てることを学ばせ、安心感をもたせましょう。そのために、次の練習をしておきます。

（ア）伏し浮きから立ちます。

（イ）あおむけ姿勢から立ちます。

④沈んだり、浮いたりします。

　沈むことは、浮くことにつながります。水中に全身を沈めて力を抜けば、からだは浮き、全身に力を入れすぎると浮きにくくなります。

⑤浮いて手足を動かし、泳法へ発展します。

3　水あそび・水泳の指導のステップと内容

　まず、水に慣れさせるための指導から述べてみましょう。子どもは、水あそびが大好きです。しかし、中には、入浴の際、お風呂に落ちたり、水あそび中に溺れたり等の危険な体験をしたために、水から遠ざかっているケースをよく見受けます。また、怖くて水の中で目を開けることができないといった視覚面や、顔に水がかかることへの不安など、触覚面からくる嫌悪感、気管に水が入って呼吸困難から生じる恐怖心などが原因になっている場合があります。

　水あそびの指導にあたっては、こういった恐怖心をおこさせないように、とくに初めの段階で注意する必要があります。家で髪を洗うことを嫌っている子どもが、プールの中に入るやいなや、いきなり水かけや潜水をしだすとは考えられません。

　早く泳げるようにとあせって指導すると、かえって恐怖心を大きくします。時間を十分かけて、水の中で遊ばせることから始めましょう。水あそびの教材は、水に関するものばかりでなく、ふだん陸上で行っている運動やあそびをとり入れるとよいでしょう。

　例えば、いろいろな物の動きを真似して、動きまわらせながら、徐々に水の中で活動することの楽しさを教えていきます。これは、ゆっくりと子どものペースで経験させましょう。

(1) 水慣れあそび（ステップ1）

　家庭の風呂やビニールプール、水深40ｃｍくらいの小プールでできる水慣れあそびを、紹介しましょう。

①水の中でリラックスさせ、手足を伸ばすようにします。また、名前を呼んだり、話しかけたりしながら、からだをゆっくりゆすります。

②動く遊具や興味をひくおもちゃ等を利用して遊ばせます。また、ビニールボールを沈めて目の前に浮上させる等の働きかけも試みてみましょう。

③バケツやプラスチック製のコップに水を移して遊んだり、じょろやホースで水まきをしたりします。

④プールの中を歩きまわったり、やさしい水かけあそびをしたりします。

⑤手で水面をたたき、パチャパチャあそびをしたり、手を水底につかせ、からだを伸ばして這ったりします。

⑥水の中で、動物（イヌ・ワニ・カニ）の真似をします。

⑦腕立ての姿勢で両足を伸ばし、バタ足をします。顔が水面につきそうになるので、伏せ面への導入になります。

⑧ビーチボール送りやピン球吹きをします。

　水の中に入ると、異常なほどに緊張する子どもには、身体的および情緒的に適応させる必要があると考えられます。その指導の第一歩は、まず水の中に入ることに慣れさせること、次に、徐々に活動させていくようにすることです。
　つまり、水あそびでは、水を利用して遊ぶ楽しさを味わわせ、水に親しみをもたせることです。全身を水に浸した感じを得るために、水の中で立ったり、すわったりすることに多くの時間を費やして下さい。水を怖がる子どもにとっては、水に入ることだけでも大変なことですので、水に入ることができたら、しっかりとほめてあげましょう。

(2) 水あそびと水中集団遊戯（ステップ2）
　水深60cm程度の中プールでできる水あそびに、挑戦させてみましょう。
　①つたい歩きをさせたり、しゃがんだ姿勢で、水を両手で水平にかいて歩かせたりします。

　②大型のビート板や浮き島を浮かべて、子どもたちといっしょに押したり引いたり、上に乗ったりします。

実践編

③トンネルくぐりをして、顔や頭を水につけます。顔を水中から上げたときは、顔や目を手でこすらないで、２、３回強くまばたきをするように指導しましょう。

④友だちやプールの壁につかまって立ち、顔を水につける練習をします。苦しくなったら顔を上げ、また顔を水につけます。これを連続して行わせます。上達したら、顔つけ時間競争をすると楽しいでしょう（呼吸のしかたについては、ステップ４を参照）。

⑤２人組になって手を引いてもらいながら、水面に顔をつけて歩きます。上達したら、１人で両手を前に伸ばしたり、両手で水をかいたりして、顔を水面につけて歩きます。

⑥２人組で連手し、同時にしゃがみこんで、水中にらめっこや水中ジャンケンをします。

⑦２人組で両手を持ち合い、交互にしゃがんで、頭まで水に入ります。

⑧息を止めて水中にもぐり、水中で息をはいてから顔を上げます。顔を上げたら、口で大きく息を吸い込み、続いて水中にもぐります。上達したら、これを数回続けます。

⑨プールの底に石を置いて、水中石拾いをします。

⑩プールサイド上での腰かけ姿勢から、水の中に飛びおり、膝を曲げて安全に立ちます。上達したら、しゃがみこんだ姿勢から、足先をプールサイドの角にかけて踏み切って飛びおりをさせます。飛びおりるとき、後ろにそると頭を打つ危険があるので、少し前かがみに水に入るようにさせましょう（立ち飛び込み）。

⑪高く跳び上がって、からだを伸ばして飛び込み、水の中で膝を曲げさせます。上達したら、膝や腕の振動を使って、できるだけ遠くへ飛び込んだり、空中でからだをひねって方向を変えて飛び込んだりしましょう。水にもぐったら、鼻から息を出させましょう。

　水の中で、ある程度の活動ができるようになったら、仲間といっしょに行う集団遊戯的なものを多くとり入れましょう。この段階では、１人で練習するよりも、友だちといっしょに楽しく行う方が、お互いに刺激し合って、新しい試みに挑戦することができます。

⑫水中で手をつなぎ、いっしょに歩きます。輪になったり、横隊になったりします。子どもによって、歩くはやさが違うので、転倒に注意して下さい。子どもと視線を合わせるために、指導者は水中にしゃがんだ姿勢で参加しましょう。

⑬前の子の両肩に手をかけて、電車ごっこをします。2人1組でトンネルや橋をつくると、より楽しい水あそびが展開できます。

⑭水のかけ合いごっこをします。逃げたり、顔をふいたりしないように、がんばるようにさせます。

⑮水の中でいろいろな鬼あそび（手つなぎ鬼、助け鬼など）をします。その他、陸上で行う集団遊戯を、工夫してとり入れてみましょう。

(3) 水中運動（ステップ3）

水あそびから技術的なものへ、指導の重点を移すとき、水の中で次のような運動をさせてみましょう。

①プールの壁につかまって、あごをひき、顔を水につけ、膝を曲げて浮かせます。

②膝をかかえ、顔を膝につけるようにして脱力し、くらげ浮きをします。

③左右の手を上下に開き、一方の手を水中に入れ、プールの壁にあてて、足を浮かせます。

④指導者が子どもの両手を引きながら後方にさがり、止まったところで、子どもに膝を曲げさせ、からだを起こして立たせます。

⑤顔を水面に伏せて目を開き、力を抜いて胸や手足を伸ばして浮かせます（伏し浮き）。伏し浮きの練習では、からだを水の上にのしかかるようにすると浮きません。できるだけ、からだを低くして、肩まで水につけて、水面をすべるように行わせて下さい。

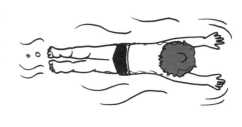

⑥プールの壁を蹴って伏し浮きをさせます。上達したら、できるだけ長い距離を行ったり、水中で息を少しずつはき出しながら行ったりします。

⑦伏し浮きの姿勢から立ちます。伏し浮きの姿勢から顔を上げ、両手で水を押さえながら、膝を腰に引きつけるようにして曲げ、からだを起こして立ちます。

⑧あおむけ姿勢から立ちます。

⑨プールサイドの縁に浅く腰をかけ、足を伸ばして水の中に入れて、バタ足をします（腰かけキック）。足は少し内またにし、親指が軽く触れ合うように動かします。

⑩プールサイドに両手をついて、伏し浮きの姿勢で顔を上げてバタ足をします（手のばしキック）。このとき、肩や腕の力を抜かせます。

⑪伏し浮きの姿勢でビート板を握らせ、子どもを引っぱります。コースやスピードを変えながら行います。ビート板のつかまり方は、板の両わきを軽くもつ方法と、板の上に両手をのせる方法とがあります。

⑫ビート板をもち、バタ足をします
（ビート板キック）。

(4) 呼吸法（ステップ４）

次の段階は、「呼吸法」です。「呼吸ができる」ということは、恐怖心をなくすというだけでなく、上達するために必要な、からだの緊張をほぐすことにもつながります。

初期の段階では、まず、あご、そして、口まで水につけさせ、ブクブクーと息をはかせます。次に、鼻やおでこ、顔全体を水につけて息をはかせ、最後に顔をあげてまとめて「パッ」とはかせます。目を開けて「ブクブク・パッ」ができるようになれば、かなりの上達です。

指導のポイントは、吸わせるのではなく、１度にまとめて「パッ」と息をはかせることです。口が水面上に出た瞬間のタイミングをはかってできるように、指導して下さい。大人でも、予期せぬときに水が顔にかかり、鼻から水が入って"ツーン"と、激痛を感じることがあります。水慣れの段階では、このように鼻から水を吸いこまないように注意しましょう。

こうして、呼吸法と身体各部の運動の調整を結合させることができるようになったとき、子どもたちは、次の水泳のステップを踏み出せるようになります。

(5) 泳法（ステップ５）

泳ぐ動作の基本は、手・足の一定のリズムに従った活動を呼吸と結合させることです。つまり、身体各部分における運動の調整を得ていくことです。そこで、浮いて進む練習をさせてみましょう。ここでは、クロールの一例をとりあげ、紹介します。

まず、伏し浮きの姿勢でバタ足を使って進ませます。だんだん上手になるにつれ、キックをはやく行わせます。ビート板やスイミングヘルパー等を使用して練習に入ると効果的

実践編

です。手の動作は、バタ足がある程度できるようになってから指導し、手と足の動きを関連づけながら練習させます。

とくに、水中での息のはき方や、目を水中で開けて行うことに留意させます。できれば、顔を横に上げての呼吸ができるようにさせましょう。

チェックリスト（クロールまでの過程）
◀チェックのしかた▶

| できない | ／ | または | × |, | できている | ✓- | または | △ |
| できる | ✓ | または | ○ |, | よくできる | ✓+ | または | ◎ |

①腰かけキック……腰かけ姿勢から、足を交互に上下に動かし、バタ足をします。

項目	チェック月日				
プールサイドの縁、またはプール内に準備したイスに浅く腰をかけることができる					
両手をついてからだを支えることができる					
両脚をまっすぐ伸ばすことができる					
足首は脱力している					
まっすぐ前を向いて、大きくゆっくり脚の上げおろしができる					
もものつけ根から脚全体が動かせる					
キックを、強くはやく行える					
脚を曲げず、キックを強くはやく行える					

※足首を少し内側に曲げ、親指がふれ合うように動かしているかどうかを、確認させます。

②プールサイドでの手のばしキック……プールサイドにつかまって、伏し浮きをしながらバタ足をします。

項目	チェック月日				
自分でプールサイドにつかまることができる					
プールサイドにつかまって、肘を伸ばすことができる					
あごを水面につけることができる					
からだをまっすぐ伸ばし、浮かすことができる					
まっすぐ前を向いてキックできる					
脚の親指が軽くふれ合うように、ハの字キックができる					
肩、腕の力を抜いて、手を伸ばし、キックが適切にできる					
「ブクブク・パッ」をしながら、手を伸ばし、キックができる					

※足首を少し内側に曲げ、親指がふれ合うように動かしているかどうかを、確認させます。

第4章 水あそび・水泳

③2人1組で引っぱってキック……2人組になって、立っている人の手につかまってバタ足をします。

項目 \ チェック月日				
あごを水につけることができる				
肘を伸ばすことができる				
からだをまっすぐにすることができる				
まっすぐ前を向いてキックできる				
「ブクブク・パッ」をしながら、キックできる				

※膝は曲がらないように、伸ばしたままで行わせます。

④ビート板キック……ビート板につかまって、バタ足をします。

項目 \ チェック月日				
ビート板を正しく持つことができる				
肘を伸ばすことができる				
あごを水につけることができる				
足首は脱力している				
自転車こぎキックにならないように、もものつけ根から上下にキックすることができる				
「ブクブク・パッ」をしながら、キックできる				

※腕に力が入るとビート板が立ってしまい、推進力が減ってしまうことを知らせます。

⑤潜　水……水中にもぐります。

項目 \ チェック月日				
ジャンプができる				
水の中に顔がつけられる				
水の中にからだ全体を入れることができる				
水の中に深く沈み、底を蹴って高く跳びあがることができる				
トンネルくぐりができる				
前にはやく進むために、手で水をかくことができる				
前にはやく進むために、キックすることができる				
前にはやく進むために、手と足の両方を使うことができる				
目をあけて、潜水が適切にできる				

※息を無理に長くこらえることは危険です。

実践編

⑥クロール……バタ足を使い、両手で水をかいて進みます。

手の動作

項目 \ チェック月日				
陸上で、手を左右交互にリズミカルに動かすことができる				
陸上で、手の動作と呼吸とのバランスが適切にできる				
肘は常に手首より高い位置に保持できる				
水をキャッチする時は、指先から行える				
常にどちらかの手で水をかいている				
からだの真下までかき、それからプッシュできる				
プッシュの際、肘を支点として、水を後方に押すことができる				
肩を水面下深く落とさない				

※プッシュ……（水を）押し出すこと

足の動作

項目 \ チェック月日				
けり上げは膝を伸ばしてできる				
けりおろしは、膝をゆるめ、最後に強く伸ばすことができる				
足首の力を抜くことができる				

コンビネーション

項目 \ チェック月日				
片手が前方に伸びるとき、反対側の足を強くキックすることができる				
手でかき終わるとき、その方に顔を回して呼吸ができる				
泳ぐとき、視線は前方を向いている				

※正しい泳ぎを習得するために、ビート板を利用したクロールや伏し浮きをしてバタ足をし、さらに手のかきを加え、息つぎをしないで前に進む面かぶりクロールを子どもの必要に応じて取り入れて、指導して下さい。

第5章

身近なもの・廃材を使った運動あそび

〔佐野裕子〕

タオルやティッシュペーパー、スーパーのレジ袋など、生活の中でふれる身近な用具や、新聞、ペットボトル等の廃材として出てきたものを運動用具として用いた運動あそびを紹介します。身近な用具は可塑性にも富み、自由に変化を楽しむことができます。また、子どもにも取り扱いが容易であり、それを使った運動あそびは、物の性質を知るとともに、知的好奇心や探索欲求を満足させ、表現能力を豊かに育むことにもつながります。これは、子どもが、元来、あそびとする原点でもあります。また、廃材を利用して子どもといっしょに作った遊具は、あそびへの強い興味づけとなり、運動あそびの苦手な子どもが自然とからだを動かすことにもつながります。

既成の遊び道具が氾濫している現代、身近な物を運動用具としてあそびの中に取り込み、工夫しながら遊ぶことは、現代の子どもたちに経験させたいあそびのひとつです。しかし、目新しい素材ではないため、子どもの興味や関心を引き、あそびを持続させるのは、指導者の力量にかかってくると言っても過言ではありません。子どもの発達に合わせ、心の動きを読みながら、おもしろく、あきのこないあそびの展開が要求されます。

1　指導計画時における留意事項

子どもが、運動あそびの中に自然に入っていくためには、あそびの内容が分かりやすく、楽しく、あきがこないものであることが大切です。発達や能力に応じて、あそびの展開が図れるように、以下の点に留意し、計画を進めましょう。

①操作系の運動が多くなりがちであるため、移動系・平衡系・非移動系の運動スキルも高められるように、バランスよく計画しましょう。

②用具の製作については、製作の過程を楽しむことも一つのねらいですが、あくまでも運動のための用具ですから、短時間でできるものにしましょう。製作にも重きを置く場合は、運動あそびとは別に計画を立てます。

③用具のもつ特性を生かした運動あそびを計画します。まず、どんな動きが引き出せるかを列挙してみましょう。それらの動きを基にして、運動あそびを計画していきます。

④運動量が発達に応じて確保できているかを見直してみましょう。

2　プログラム実践における留意事項

　子どもは、その日のからだや心のコンディションによって活動意欲も左右されます。指導者の適切な言葉がけや助力が、運動あそびへの意欲づけとなり、興味・集中が持続します。一人ひとりの動き（心の動きも）を確認しながら進めましょう。

　また、指導する側もされる側も、身近な用具や見慣れた素材だからこそ安心して扱える半面、緊張感にも欠けます。思わぬケガや事故にならないように、安全配慮を忘らないようにしましょう。

3　タオルを使った運動あそび

オットット

【あそびで育つもの】
　・操作系運動スキル（身体各所に乗せて保持する）の向上
　・移動系運動スキル（持って歩く）の向上
　・柔軟性、身体認識力の育成

【あそびの準備】
　フェイスタオル（人数分）

【あそび方】
　①タオルを４等分にたたみ、頭上や背中、お腹などに乗せて歩きます。
　②あそびに慣れたら、走ってみましょう。

【メ　モ】
- 2人組で手をつないで、行ってみます。
- 折り返しのリレーをして、競争を楽しんでみましょう。

タオルくぐり

【あそびで育つもの】
- 操作系運動スキル（タオルを操る）の向上
- 柔軟性、巧ち性、身体認識力の育成

【あそびの準備】
　　フェイスタオル（人数分）

【あそび方】
　①タオルの端を両手で持ち、足から背中をとおってくぐらせます。

　②慣れたら、2人組で向かい合ってどちらが早いかを競争しましょう。

なべなべそこぬけ

【あそびで育つもの】
- 操作系運動スキル（タオルを操る）の向上
- 協応性、柔軟性、巧ち性、身体認識力の育成
- 協調性、協力性など、社会性の育成

【あそびの準備】
　フェイスタオル（人数分）
【あそび方】
①2人で向かい合い、互いのタオルを持ちます。
②「なべなべそこぬけ」のわらべうたに合わせてタオルを左右にゆらします。
③「そこがぬけたらかえりましょ」で、互いに背中合わせになります。
④背中合わせになったまま②を行い、③で、互いに向かい合います。
⑤全員で行います。片手に自分のタオルを持ち、もう片方の手で隣の子どものタオルを持って、全員で円心を向いて円になります。「なべなべそこぬけ」のわらべうたに合わせてタオルを前後にゆらし、「そこがぬけたらかえりましょ」で、1か所をトンネルにして全員がくぐり、円外を向きます。円外を向いたまま上記②を行い、③で、1か所をトンネルにして全員が順次、後ろ向きでくぐり、円心を向いて元の円になります。

（前向きでくぐる）　　　　　　　　（後ろ向きでくぐる）

実践編

【メモ】
・子どもの動きに合わせて、ゆっくり歌いましょう。

開けゴマ

【あそびで育つもの】
　・操作系運動スキル（タオルを操る）の向上
　・柔軟性、巧ち性、身体認識力の育成
　・協調性、協力性など、社会性の育成

【あそびの準備】
　フェイスタオル（人数分）

【あそび方】
①2チームに分け、1チームが各自、片手に自分のタオルを持ち、反対の手で隣の子どものタオルを持って、全員で円心を向いて円になり、しゃがんで準備します。
②相手チームが、円の中に入ります。
③指導者の「開けゴマ！」のかけ声で、円になっているチームは立ち上がって両手を上げます。
④中のチームは、急いで円外に出ます。
⑤指導者の「閉めろゴマ！」のかけ声で、円になっているチームはしゃがんで両手を下に降ろします。
⑥相手チームは、急いでジャンプやまたぐ等して円内にもどります。
⑦交代しながら行います。

【メモ】
・慣れてきたら、「開けゴリラ！」や「閉めろまご！」等でフェイントをかけて、言葉あそびも楽しみます。

電車リレー

【あそびで育つもの】
・移動系運動スキル（2人でタオルを持って走る）の向上
・協応性、柔軟性、巧ち性、身体認識力の育成
・協調性、協力性など、社会性の育成

【あそびの準備】
フェイスタオル（チーム数×2）
コーン（チーム数）
スタートライン（1）、ゴールライン（1）

【あそび方】
①2人で前後に並び、おたがいのタオルを持って電車の運転手と車掌役になり、電車ごっこで自由に遊びます。
②あそびに慣れたら、子どもたちを、1チーム8人程度でチーム分けをします。
③スタートラインに各チーム、2人1組で前後になって並びます。先頭は互いにタオルを持ち、電車ごっこの要領で準備します。

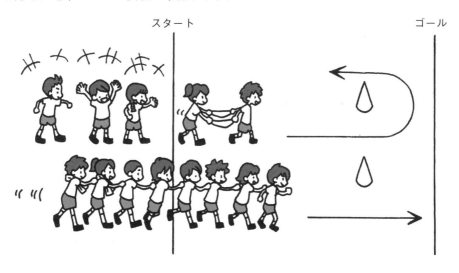

④スタートの合図で、先頭の１組がコーンを回って戻り、タオルを次に渡してチームの一番後ろに着きます。

⑤タオルをバトン代わりに順次行います。

⑥アンカーの組が戻って、列の一番後ろに着いたら、アンカーは、タオルを首にかけ、一斉に前の子の肩に両手を置き、１列の電車になって、ゴールまで走ります。

【メ　モ】

・導入の電車ごっこを十分に楽しみましょう。

●流れ星エクササイズ

自宅のタオルを持参してもらい、参観日やお楽しみ会などの親子行事で行っても楽しいでしょう。

流れ星

【あそびで育つもの】

・操作系運動スキル（投げる）の向上

・協応性、巧ち性、空間認知能力の育成

【あそびの準備】

フェイスタオル（人数分）…タオルの先端を結び、流れ星に見立てます。

【あそび方】

①流れ星に見立てたタオルの結んだ所を持って投げて遊びます。

②慣れてきたら、２人で向かい合い、パスやキャッチを行います。

【メ　モ】

・高く投げたり、遠くに投げる等、方向を変えて行いましょう。

ぐるぐる回して

【あそびで育つもの】
・操作系運動スキル（操る）の向上
・協応性、敏捷性、身体認識力、空間認知能力の育成

【あそびの準備】
フェイスタオル（人数分）…タオルの先端を結びます。

【あそび方】
①遠心力を利用して、回して遊びます。結び目を下にして片手で持ちます。
②頭上で、ぐるぐる回します（ヘリコプター）。
③からだの横で、ぐるぐる回します（扇風機）。
④からだの前で、ぐるぐる回します（扇風機）。
⑤回してから、投げ上げます。

【メ　モ】
・スペースを十分にとって行いましょう。
・手首の運動から、腕全体の運動になるようにしましょう。ボールや縄跳びあそびの基本となります。

実践編

はなさんぞ！

【あそびで育つもの】
- 操作系運動スキル（つかむ）の向上
- 筋力、調整力、身体認識力の育成
- 協調性、協力性、相手を認める等、社会性の育成

【あそびの準備】
　スポーツタオル（適宜）

【あそび方】
①タオルの先端を結び、結んだか所を子どもが腹ばいになり、持って準備します。
②指導者がタオルの片方を持ち、引っ張ります。慣れてきたら、ダイナミックに揺らしたり、回転させたりします。
③上向きや長座など、持つ体勢を変化させます。

【メ　モ】
- 子ども同士でも行ってみましょう。スムーズには行えませんが、子ども同士で関わり、相手の体重分の重さを感じることは大切なことです。
- 自宅のタオルを持参してもらい、参観日やお楽しみ会などの親子行事で行っても楽しいでしょう。

ニョロ虫

【あそびで育つもの】
- 平衡系運動スキル（タオルの上を歩く）の向上
- 平衡性、巧ち性、空間認知能力、集中力の育成

【あそびの準備】
　スポーツタオル（人数分）…縦長に巻き、輪ゴムで数か所止めて、「ニョロ虫」に見立てます。
　輪ゴム（適宜）

【あそび方】
①各自、床の上に「ニョロ虫」を置き、その上を落ちないように歩きます。
②他の友だちの「ニョロ虫」の上も歩き、友だちと出会ったらジャンケンをします。
③負けたら降りて、勝った子を先に通します。
④指導者の「ごはんですよー」の呼びかけで自分の「ニョロ虫」のところに帰ります。
（自分の「ニョロ虫」の位置が確認できない子どもの補助をしましょう。）

【メ　モ】
・裸足で行うと、足の裏や5指をしっかり使うことができます。また、タオルの上を裸足で歩く心地よさも味わわせ、感覚器官を刺激しましょう。
・短縄を「ニョロ虫」に見立て、あそびを展開しましょう。

ニョロ虫つかまえた

【あそびで育つもの】
・操作系運動スキル（這わすように動かす）の向上
・敏捷性、協応性、スピード、巧ち性、集中力、空間認知能力の育成
・協調性、協力性、相手を認める等、社会性の育成

【あそびの準備】

スポーツタオル（2人に1本）…縦長に巻き、輪ゴムで数か所止めます。

輪ゴム（適宜）

中央ライン（1）、補助ライン（2）

【あそび方】

①2人組になり、1人が「ニョロ虫」に見立てたタオルを持ち、床を這わすように動かします。相手は「ニョロ虫」を手で捕まえたり、足で踏んだりします。交代して行いましょう。

②2チームに分け、中央ラインに「ニョロ虫」を置き、補助ライン上に立ち、向かい合って準備します。

③合図で、走って「ニョロ虫」を取りに行き、補助ラインまで引っ張って運びます。多く取れたチームの勝ちです。

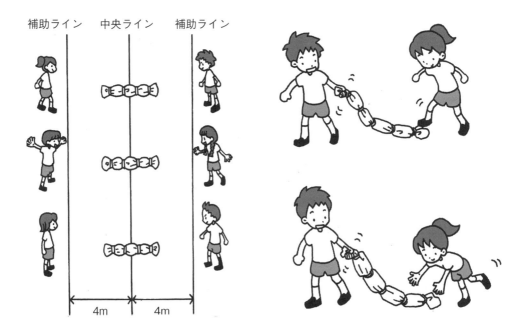

【メ　モ】

・「ニョロ虫」の取り合いになったら、綱引きの要領でお互いが引き合います。時間内に補助ラインまで運べなかったら、ジャンケンで決めましょう。

・初めは、「ニョロ虫」の数を多めに準備して、多くの子が取れるように配慮しましょう。

ニョロ虫とんだ！

【あそびで育つもの】
・移動系運動スキル（ジャンプする）の向上
・瞬発力、敏捷性、リズム感、空間認知能力の育成

【あそびの準備】
スポーツタオル（1本）…縦長に巻き、輪ゴムで数か所止めます。
輪ゴム（適宜）

【あそび方】
①指導者は、「ニョロ虫」に見立てたタオルを持ち、床を這わすように回します。
②子どもは、「ニョロ虫」をジャンプします。
③指導者は、「ニョロ虫」に見立てたタオルを持ち、床から振り上げます。
④子どもは、「ニョロ虫」にぶつからないように、くぐります。
⑤指導者は、「ニョロ虫」に見立てたタオルを持ち、床を這わせてから、振り上げます。
⑥子どもは、「ニョロ虫」を跳んで、素早く、くぐります。

【メ　モ】
・「ニョロ虫」の動かし方を変化させたり、カエル跳びや片足跳び等、跳び方を変化させましょう。
・慣れてきたら、子どもが「ニョロ虫」を操作して、子ども同士で行ってみましょう。
・短縄を「ニョロ虫」に見立て、あそびを展開しましょう。

実践編

転がって

【あそびで育つもの】
　・操作系運動スキル（投げる）の向上
　・敏捷性、協応性、巧ち性、空間認知能力の育成

【あそびの準備】
　タオルケット（チーム数）…丸めて、周囲をヒモでしっかり整えます。あえて、球状に整えないで、変形させます。蹴ったり、転がしたりすると、思わぬ方向に転がります。

　コーン（チーム数）
　スタートライン（1）

【あそび方】
　①チームに分かれ、1列縦隊でスタートラインに並びます。
　②先頭から、タオルボールを蹴ったり、転がしたりして、コーンを回って戻り、タオルボールをスタートライン内に入れたら、次の子に、バトン代わりにタオルボールを手渡します。
　③最後の1人が、スタートラインに戻って先頭の子にタオルボールを手渡すまで、競技を続けます。

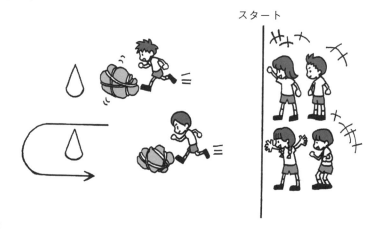

【メ　モ】
　・子どもの発達レベルに応じて、中間地点にコーンをもう1個設置してみましょう。中間地点のコーンを回り、折り返し地点のコーンを回って戻ります。
　・親子で手をつなぎ、親子競技で行っても楽しいでしょう。

4 スーパーのレジ袋を使った運動あそび

　レジ袋は、広げたり、たたんだり、膨らませたり、しぼったり等、様々に変化させることにより、あそびのレパートリーが広がります。また、用具や遊具などを組み合わせることにより、さらにあそびが広がります。

●広げて遊ぼう

ナイスキャッチ

【あそびで育つもの】
　・操作系運動スキル（投げて取る）の向上
　・巧ち性、敏捷性、協応性、柔軟性、身体認識力、空間認知能力の育成

【あそびの準備】
　スーパーのレジ袋（人数分）

【あそび方】
①広げたレジ袋の持ち手部分を片手で持ち、高く投げ上げてキャッチします。
②頭や背中、足などでキャッチします。
③子どもは、腹ばいや上向き、後ろ向き等、様々なポーズで準備し、指導者が高く投げ上げたレジ袋をキャッチします。慣れてきたら、遠くから走ってきてキャッチします。

【メ　モ】
・慣れてきたら、子ども同士で２人組になって行いましょう。

蹴ったり・ついたり

【あそびで育つもの】
・操作系運動スキル（蹴る・つき上げる）の向上
・協応性、巧ち性、敏捷性、柔軟性、身体認識力、空間認知能力の育成

【あそびの準備】
スーパーのレジ袋（人数分）

【あそび方】
①広げたレジ袋を足で蹴ります。慣れてきたら、交互の足で蹴りましょう。
②手のひらで落とさないようにつき上げます。慣れてきたら、左右の手で交互につき上げます。
③両手や両足を使って、落とさないようにつき上げたり、蹴ったりしてみましょう。

【メ　モ】
・慣れてきたら、子ども同士で２人組になって行います。どのグループが長くついていられるか競争してみましょう。

洗濯競争

【あそびで育つもの】
- 操作系運動スキル（走りながら掴む）、移動系運動スキル（走る）の向上
- 瞬発力、敏捷性、スピード、協応性、巧ち性、集中力、空間認知能力の育成
- 協力性、順番を待つ等、社会性の育成

【あそびの準備】
スーパーのレジ袋（人数分）…洗濯物に見立てます。
洗濯バサミ（人数分）
竿あるいはヒモ…洗濯バサミを取り付けておきます。
補助者（適宜）
スタートライン（１）

【あそび方】
①チーム分けをして、スタートラインにチームごとに１列に並びます。
②先頭は、スタートの合図で走り、指導者が高く投げ上げたレジ袋を取ります。
③前方の洗濯ばさみの所まで進み、洗濯物を干す要領で、レジ袋の一端を洗濯バサミにはさみ、スタート地点に戻って次の子に手でタッチします。
④アンカーが戻ってきたら終了です。

【メ　モ】
・慣れてきたら、レジ袋を2枚、時間差で投げ上げてみましょう。
・走る距離を長くしたり、中間地点に障害物（平均台やマット等）を設置することにより、運動スキルを高めましょう。

●たたんで遊ぼう

乗せたりついたり

【あそびで育つもの】
・操作系運動スキル（掌にレジ袋を乗せてバランスをとる・つく）の向上
・協応性、巧ち性、平衡性、身体認識力、空間認知能力の育成

【あそびの準備】
スーパーのレジ袋（人数分）…縦に折りたたみ、棒状にします。

【あそび方】
①棒状にしたレジ袋の底の部分を掌に立てて乗せ、バランスを取ります。誰が一番長く乗せていられるか競争です。
②袋の底の部分を一つ結び、羽根つきの要領で掌でついて遊びましょう。
③2人組で、ついて遊びましょう。

【メ　モ】
・慣れてきたら、お互いに羽根つきの要領で、うちわでついて遊びましょう。

飛行機

【あそびで育つもの】
　・操作系運動スキル（投げる）の向上
　・協応性、巧ち性、身体認識力、空間認知能力の育成

【あそびの準備】
　スーパーのレジ袋（人数×2）…縦に折りたたみ、棒状にします。
　ダンボール箱（チーム数）…口広の箱を準備します。
　ライン（チーム数）

【あそび方】
　①飛行機に見立てて、遠くに飛ばします。どのような方法で飛ばしたら遠くに飛ぶかを皆で考えてみましょう。
　②1チーム8人程度で、チーム分けをします。各自、飛行機を2本持ち、チームごとにシュート箱のライン外側に並びます。
　③ラインの外から飛行機を飛ばして、シュート箱に投げ入れます。
　④全部入るまで行い、どこのチームが早く入ったかを競います。

【メ　モ】
　・投げるときは、ラインに入ってはいけない約束をしてから行いましょう。

シッポとり

【あそびで育つもの】
- 操作系運動スキル（相手のシッポを取る）、移動系運動スキル（素早く走る）の向上
- 敏捷性、協応性、スピード、身体認識力、空間認知能力の育成

【あそびの準備】
　スーパーのレジ袋（人数分）…横に折りたたみ、棒状にしたものをシッポに見立て、腰に挟みます。

【あそび方】
①スタートの合図でお互いのシッポを取り合います。取られても、終了の合図があるまであきらめないで取り続けます。
②終了後、取った本数を聞いていきます。一番多く取れた子が優勝です。

【メ　モ】
　たくさん取れた友だちを、皆で褒めましょう。

●膨らませて遊ぼう

　スーパーのレジ袋に空気を入れ、持ち手の部分をしっかり結んで、ガムテープで止め、風船（以下、スーパー風船）を作ります。空気が比較的漏れにくい中サイズのレジ袋を使用します。

はさんで遊ぼう

【あそびで育つもの】
　・操作系運動スキル（足で挟み、上下させる・うちわで挟む）の向上
　・非移動系運動スキル（その場で足を上げて維持する）の向上
　・巧ち性、協応性、腹筋力、瞬発力、身体認識力、空間認知能力の育成
　・協調性、協力性など、社会性の育成

【あそびの準備】
　スーパー風船（人数分）
　うちわ（チーム数×2）
　コーン（チーム数）

【あそび方】
①長座姿勢で両足にスーパー風船をはさみ、落とさないように上下させます。カンガルーになって両足に挟んでジャンプしたり、背中にのせてラクダになって遊びます。ボールのような強度はないので、優しく扱うことが要求されますから、より運動スキルが高まります。

②慣れてきたら、チームに分かれて、風船挟み競争をしましょう。
　スタートラインにチームごとに、2列で並びます。先頭は各自うちわを持って準備し

実践編

ます。スタートの合図で、うちわにスーパー風船をはさんで、2人で協力してコーンを回って戻り、次のグループにうちわとスーパー風船をバトン代わりに渡します。早くゴールしたチームが勝ちです。

【メ　モ】
・風船挟み競争で使用するスーパー風船は、空気が漏れやすいので、大袋の中にさらに空気を入れた中袋を2〜3個入れて、強度のあるスーパー風船で行います。それでも競技中には空気が漏れるので、替えを用意しておきましょう。

ついて遊ぼう

【あそびで育つもの】
・操作系運動スキル（手でつく）、移動系運動スキル（目標をめがけて走る）の向上
・協応性、巧ち性、身体認識力、空間認知能力の育成

【あそびの準備】
　スーパー風船（適宜）
　コーン（1）
　スタートライン（1）
　ゴールライン（1）

【あそび方】
①スタートラインに1列に並び、先頭の子どもから1人ずつ行います。
②スタートラインから約3m先に指導者が立ち、スーパー風船を1個持ち、スタートの合図で投げます。

③スタートの合図で投げられたスーパー風船をめがけて走り、手で打ち返し、コーンを回って、落ちているスーパー風船を拾い、指導者に渡してゴールまで走ります。
④慣れてきたら、打ち返すスーパー風船の数を増やしましょう。

【メ　モ】
・導入では、風船つきの要領で、各自で自由についたり、2人でついて遊びます。
・スーパー風船を指導者が投げるタイミングは、個人差を考慮して行いましょう。
・慣れてきたら、2チームに分かれて、打ち返し競争を行ってみましょう。

●レジ袋とボールを組み合わせて遊ぼう

おもしろボウリング

【あそびで育つもの】
・操作系運動スキル（的に向かってボールを転がす）の向上
・協応性、巧ち性、空間認知能力の育成
・友だちを認める、励ます、順番を待つ等の社会性の育成

【あそびの準備】
　レジ袋（チーム数×2）…袋の口を開いて、補助ライン上に置きます。
　ボール（チーム数×2）…子どもの注意集中を考慮し、約5人程度で1チームとします。
　スタートライン（チーム数）、補助ライン（チーム数）

【あそび方】
①各自、レジ袋の口をめがけて、ボールを勢いよく転がして、入れる練習を行います。上手く入ると、レジ袋が生き物のように動きます。動きの楽しさや不思議さを味わいましょう。
②チームごとに遊ぶ区域を決めて、遊ぶ順番を決め、1人ずつ行います。
③1番目の子どもから、ボールを2個持って、スタートラインからレジ袋の口をめがけて、ボールを勢いよく転がして入れます。
④ボールが入ったら1点をつけて、順次行います。得点の多い子が勝ちとなります。繰り返して遊びます。

【メ　モ】
・慣れてきたら、レジ袋の数を増やしたり、転がす距離を長くしたりしましょう。

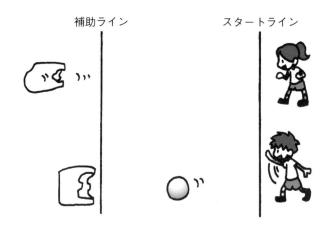

5　廃材を使った運動あそび

(1) ネットを使った運動あそび
●雪だまあそび

作り方が簡易であるため、子どもとともに作ることができるので、運動意欲を高めます。

大量に作れるので、あそびのバリエーションが広がります。また、あたってもあまり痛くないので、ダイナミックに遊べます。

―雪だまの作り方―

新聞紙（1ページ 見開きの半枚分）を軽く丸めて、ネット（りんごや柿など果物の保護ネット）に入れ、布ガムテープ（白色約5cm）でネットの上下を止めます。

雪合戦

【あそびで育つもの】

・操作系運動スキル（投げる）の向上

・瞬発力、協応性、巧ち性、敏捷性、空間認知能力の育成

【あそびの準備】

雪だま（人数×2〜3）

中央ライン（1）

【あそび方】

①各自、雪だまを2個持ち、打ち上げ花火のように高く投げます。

②慣れてきたら、皆で一斉に「ドカーン」と言って、高く投げます。

③2チームに分かれて、中央ラインから出ないように、雪だまをぶつけ合います。

【メ　モ】

・雪だまぶつけは、あたるのが怖い子どももいますので、苦手な子どもは中央ラインより遠くで準備します。初めは、指導者と加減をしながら遊びましょう。

雪だまはこび

【あそびで育つもの】

・操作系運動スキル（持って走る）、移動系運動スキル（走る）の向上

・巧ち性、協応性、敏捷性、空間認知能力の育成

・協調性、協力性など、社会性の育成

【あそびの準備】

雪だま（人数×3〜4）

体操帽（チーム数）

ダンボール箱（チーム数×2）…雪だまを入れる箱

スタートライン（1）

【あそび方】

①1チーム8人程度で、スタートラインにチームごとに1列縦隊で並びます。先頭は体

実践編

　　操帽を持って準備します。
②スタートの合図で、前方の雪だまが入っているダンボール箱めがけて走ります。
③雪だまを体操帽に運べるだけ入れて、中央のダンボール箱まで戻り、空け、体操帽を持ってスタートまで戻り、次の人と交代します。帽子がバトン代わりになります。
④雪だまの箱が空になるまで何回も行います。
⑤早く空になったチームが優勝です。

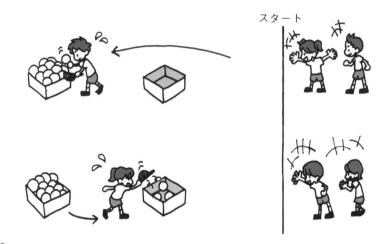

【メ　モ】
　・体操帽は、片手で持つ約束をします。
　・全員に順番が回ってくるように、雪だまを多めに準備します。
　・途中で落とした雪だまは、補助者が元の雪だま箱に戻します。

いろいろシュート

【あそびで育つもの】
　・操作系運動スキル（投げ入れる）の向上
　・協応性、巧ち性、空間認知能力の育成

【あそびの準備】
　雪だま（人数×2～3）
　ゴールとなるもの（適宜）…底が空いているダンボール箱やダンボールにカバの絵を描き、口をくりぬいたもの等
　ライン（適宜）

第5章　身近なもの・廃材を使った運動あそび

【あそび方】
①ゴールに雪だまをシュートさせて遊びます。
②慣れてきたら、遠くから投げ入れます。

【メ　モ】
・コーナーあそびとして、環境設営をして遊びます。
・皆で、ゴールとなるものを製作しましょう。

(2) 新聞を使った運動あそび

　新聞は、折る・丸める・広げる・ちぎる等の手先を使った微細な運動から、投げる・跳ぶ・くぐる・走る等のダイナミックな運動まで、バリエーション豊かにあそびが展開できます。

●忍者の修行
　忍者になりきり、様々な術を体験しながら運動あそびを進めていきます。

変身の術

【あそびで育つもの】
　・操作系運動スキル（新聞紙を掲げる・突き上げる）、移動系運動スキル（ジャンプする）、平衡系運動スキル（片足バランスを保つ）の向上
　・巧ち性、協応性、平衡性、瞬発力、敏捷性、身体認識力、空間認知能力の育成

【あそびの準備】
新聞紙（1人 見開き1枚）

【あそび方】

①指導者の「家の中！」のかけ声で、新聞紙の中に入ります。

②指導者の「床の下」のかけ声で、新聞紙の下でうつ伏せになります。

③指導者の「壁の中」のかけ声で、片足立ちになり、両手で新聞を掲げます。

④指導者の「変身！」のかけ声で、両手で新聞紙を突き上げながらジャンプをします。

【メ　モ】

・指導者は、子どもたちの様子を見ながら進めます。

跳び越しの術

【あそびで育つもの】

・操作系運動スキル（新聞紙を折る）、移動系運動スキル（ジャンプする）の向上

・協応性、瞬発力、敏捷性、リズム感、空間認知能力の育成

・友だちを認める、励ます、順番を待つ等の社会性の育成

【あそびの準備】

新聞紙（1人 見開き1枚）…各自、新聞紙で山や川、橋などをイメージして自由に折り、スタートからゴール地点までに自由に散在させて置きます。山や家など、立体的に折る場合は、2〜4つ折りにして、折り返しを多めに取ると立ちます。

スタート（１）
跳び箱や巧木台など、１段程度の高さ（チーム数）

【あそび方】
①子どもたちを、１チーム８人程度でチーム分けをします。
②スタートラインにチームごとに縦列で並び、指導者の合図で、先頭の子どもから新聞の山や川を飛び越えて、橋を渡りながら前方の跳び箱まで進みます。
③跳び箱でバンザイをしてから、スタート地点まで同様に戻り、次の子にタッチして交代します。
④慣れてきたら、リレー競争をしましょう。

【メ　モ】
・新聞で作る山や川の見本をいくつか用意しておきましょう。
・ジャンプで新聞上に着地すると、滑る場合があります。滑りそうな所は、あらかじめテープで数か所を留めておきましょう。

実践編

穴くぐりの術

【あそびで育つもの】
　・操作系運動スキル（新聞紙を破らないようにくぐる）の向上
　・巧ち性、身体認識力、空間認知能力の育成
　・友だちを認める、励ます、順番を待つ等の社会性の育成

【あそびの準備】
　新聞紙（3人で1枚）…新聞紙を2つ折りにし、中央に切り口をマジックペンで描いておきます。

【あそび方】
　①3人で協力して、新聞紙の切り口に沿って手で破き、穴を開けます。
　②新聞紙を開き、2人で持ち、もう1人が新聞紙の穴を破らないようにくぐります。
　③交代で行います。

【メ　モ】
　・破れた時の補充として、新聞は多めに用意しましょう。

川渡りの術

【あそびで育つもの】
　・移動系運動スキル（新聞紙上に乗って移動する）の向上
　・巧ち性、協応性、平衡性、身体認識力、空間認知能力の育成

【あそびの準備】
　新聞紙（見開きの半分を人数分）

【あそび方】
　①新聞紙を半分に破り、2枚にします。

②破いた新聞紙に1枚ずつ片足を乗せ、すべるように歩きます。

③慣れてきたら、ジャンケン電車に展開します。2人でジャンケンをして、負けたら勝った子の後ろにまわり、肩に両手を置いて電車になります。新聞紙から足が離れないようにしましょう。

④順次ジャンケンを行い、勝ち残った子が運転手になり、好きなところに移動できます。

【メ　モ】
・勝ち残った子に、皆で拍手を送りましょう。

的当ての術

【あそびで育つもの】
　・操作系運動スキル（目標物に向かって投げる）の向上
　・巧ち性、協応性、平衡性、身体認識力、空間認知能力の育成

【あそびの準備】
　新聞紙（見開きを人数分と、的の分として適宜）…各自、新聞紙を半分に破り、2枚にして、丸めて石つぶてを2個作ります。

　テープ・竿（1）…的となる新聞紙（破れやすいように、切り込みを少し入れておきます）を洗濯バサミ等でぶら下げます。

　ビニール袋（チーム数）…45リットル

【あそび方】
①子どもたちを、2チームに分けます。
②スタートラインにチームごとに縦列で並び、合図で、先頭の子どもから順番に、石つ

ぶてを的に当てて、破いたり、落としたりします。
③投げ終わったら、そのまま戻り、次の子にタッチします。
④全員が終了したら、全員で石つぶてを取りに行き、くり返して遊びます。
⑤最後は各チームで、石つぶてをビニール袋（45リットル）に入れて、大きな石つぶてを作ります。
⑥スタートラインにチームごとに2人組になり、縦列で並びます。合図で、先頭のグループから大きな石つぶてを2人で持ち、力を合わせて的に当て、再び2人でスタートまで持ち帰り、次のグループに渡して遊びます。

【メ　モ】
・一方向から当てるように、安全配慮をしましょう。

友だちと力を合わせるの術

【あそびで育つもの】
・移動系運動スキル（棒を持って走る）、操作系運動スキル（新聞上のボールを操る）の向上
・巧ち性、協応性、平衡性、身体認識力、空間認知能力の育成
・協調性、協力性、励ます、順番を待つ等の社会性の育成

【あそびの準備】
　新聞紙（2）…見開きの半分
　棒（2）…見開きの新聞紙を3枚重ねて、横巻きにし、テープで止めたもの
　ボール（2）…使用済みの新聞紙をまるめて、カラーテープで止めたもの
　ダンボール箱（2）…新聞ボールを入れて、新聞紙を乗せて設置します。
　コーン（2）

【あそび方】
①図のように、用具を設置します。
②2チームに分け、2人組でスタートラインに並びます。
③スタートの合図で、先頭の子どもは2人で棒を持ち、ダンボール箱の所まで進みます。
④棒を置いて、2人で新聞紙の端を持ち、新聞ボールを乗せて、落とさないようにコーンを回って、棒が置いてあるところまで戻り、ダンボール箱の中に新聞ボールを入れ、新聞紙もあったように乗せて置きます。
⑤再び2人で棒を持ってスタート地点まで戻り、次の子に棒を渡します。棒をバトン代わりにしたリレー競争です。

【メモ】
・新聞棒にポンポンや紙テープ等で飾りをつけ、魔法の棒と称して使うと、運動意欲も高まります。

第6章

仲間づくりあそびとラケット・ボールを使った体育あそび

〔 原田健次・森　博史 〕

1　仲間づくりあそび

　仲間づくりプログラムは、人とふれあいながら「力をあわせる（協力する）」ことや「力を競いあう（競争する）」といった動きを行うことです。これは、自分の力を相手に伝えることで相手の力を感じ、同時に自分の力を感じることです。その動きを通して、相手に対して、うまく自分の力をコントロール（力の調整力）することができるようになってきます。こういった心（気持ち）とからだ（力）の通いあいがコミュニケーションの原点であると考えます。力をあわせることの「喜び」や「達成感」を、まずは仲の良い2人組から経験し、ペアを替え、小集団グループに広げるような展開をします。「ひとりの達成感」から「みんなでの達成感」へ、仲間づくりあそびの経験が社会性を育む大きな力となっていくと考えます。

しっぽとりゲーム（3〜5歳児向け）

　しっぽとりゲームは、自分のしっぽをとられずに、相手のしっぽをとることができるようになれば、「楽しさ」も深まってきます。また、集団ゲームとして行う場合、仲間と力をあわせることができれば、より達成感を共有することができます。

　また、集団ゲームは、いろいろな状況場面において、自分で考え、判断し、行動することが求められます。子どもはあそびの経験を通して、「考える力」「気づく力」を育んでいくのです。

【展開1】1対1のしっぽのとり
　（1）2人で1本　「とる」役と「守る」役を決めます。
　　　守る人は守ることだけ、とる人はとることだけに集中して取り組みます。子どもは、初めとられないようにしようとすると、相手に背を向けて逃げていくことがあります。本来は、相手を正面にし、向かい合うことで上手く守ることができます。次の展開はペアを替えて行います。
　（2）2人で2本　お互いしっぽをつけてしっぽとりをします。
　　　「とる」ことと「守る」ことが理解できれば、次の展開は、それぞれしっぽをつけて自分のしっぽをとられないように相手のしっぽをとりにいきます。

【展開2】 2対1のしっぽとり

　　3人組をつくり、2対1でしっぽとりをします。

　　「力をあわせる」導入として、2対1の場面を初めからつくり、2人で協力する経験をします。1人の方は、2人を視野に入れながら上手く逃げ、しっぽをとりにいく経験をします。

【展開3】 集団ゲーム

　　2チーム対抗を行います。（2対2から人数を増やします）

　　しっぽをとられたらそこで終わりになるのではなく、チームに余分にしっぽを用意しておき、とられれば自分でつけてゲームに参加できるよう配慮するとよいでしょう。

ボールとり（5歳児向け）

　ボールとりは、ぶつかり合いや力対力の出し合いを通して、人間関係を育むあそびです。ぶつかり合うことで、力加減を調整することを理解し、人間のからだのことを知ることができるのです。また、秋から冬にかけて、寒い日にからだを寄せ合ってあそぶことで、体温の温もりを感じることができるあそびです。

【展開1】 1対1でボール取り

　　ボールは1個で行います。事前に「守る」側「とる」側を決めておき、「守る」側の用意ができたらスタート。時間を決めておき、交替して行います。

【展開2】チーム（1チームおよそ10〜15名）対抗で行います。

（1）大人対子ども

両サイドにマットを敷き、チームの人数より少し多めのボールを置きます。そして、「守る（大人）」側と「とる（子ども）」側にわかれてボールとりを行います。その際には、力加減ができているか、ぶつかり合いのあそびができるか、子どもの状態をみます。

（2）子ども対子ども

「守る」チーム「とる」チームを決めて行います。1人で守るのではなく、全員でからだを寄せ合いボールを覆うように守ります。たたく、服を引っ張る等のトラブルがないか、またトラブルがあったときはルールを再確認しながら進めることが大切です。

（3）子ども対子ども

チーム内で「守る人」「とる人」を決めて行います。それぞれのチームにボールを渡しておき（10個ほど）、チーム内で「守る人」「とる人」を決めてボールとりを行います。役割決め、作戦などできるだけ子ども同士で行うことで、リーダーの出現やお互いを認め合うことができるようになり、自立心や社会性が育まれていきます。

【展開3】子ども版ラグビー（メチャビー）

ボールを1個にし、自分の陣地（マット）にトライをすると1点とします。1チーム（5〜8名）で行います。ゲームの開始（スタート）は、真ん中からボールを投げ入れて行います。

※ルールおよび注意事項

・首から上のタックルは禁止です。

・衣服を引っ張ってはいけません。

・膝をついたらボールを離し、立ち上がるまでプレイをしてはいけません。

・パスは前方に投げてもよいです。

・サイド、エンドラインから出ると、真ん中からボール投げ入れて再開します。

・試合時間は3～5分程度とします。

(原田健次)

実践編

2　ラケット・ボールを使った体育あそび

　用具を使った体育あそびは、幼児期に身につけるべき操作系・平衡系・移動系の基本運動スキルの向上や、バランスのとれた体力育成を図る上で効果的なあそびです。また、自分のからだをコントロールする内容が多く含まれていますので、安全能力を養う上でも、日常生活の中に取り入れていきたいあそびの1つです。技術的な面からも、できたときは満足感や達成感が得られ、心の成長にもつながるといえます。

留意事項
- 子どもに対する説明は、長すぎるとあきてしまうので、子どもの様子を観察しながら、話と運動をバランス良く行うとよいでしょう。
- 子どもが夢中になって楽しめるよう、あそびの中に「ゲーム性」を取り入れてみましょう。
- 子どもは上手くできないのが当たり前と考え、できたことをほめるようにし、やる気を引き出しましょう。根気よく楽しい指導で、盛り上げることが大切です。
- 子どもに用具を使用させるときは、安全な使い方を説明し、理解させてからにしましょう。
- 用具の点検は常に行うことが大切です。
- あそびに入る前と終わった後にあいさつをすること、準備や片づけを手伝うこと、用具を大切にすること等、子どもたちの将来を考えた指導を心がけましょう。

ボールひろい

【あそびで育つもの】
- 操作系運動スキル（用具でボールを維持する）の向上
- 移動系運動スキル（用具を持って歩く）の向上
- 平衡性、協応性、調整力、集中力、判断力の育成

【あそびの準備】
　スポンジボール（50）、ラケット（4～6）、カゴ（4～6）

【あそび方】

①カゴを、円を描くようにほぼ均等な間隔で数か所に置き、中央部にスポンジボール50個程を散乱させます。

②カゴのところにラケットを持って立ちます。

③指導者の合図でボールひろいを始め、ラケットのフェイス（面）にスポンジボールを乗せて帰り、自分のカゴに入れます。

④以上をくり返し、散乱しているスポンジボールが全部なくなったら、自分のカゴの所に帰り、ラケットを置きます。

⑤指導者の音頭で、数えながら1つずつ中央部に投げ返し、一番多い子を勝ちとします。

【メモ】

・ラケットの持ち方は自由です。

・カゴの数とスポンジボールの数は、子どもの人数や実施場所の状況に応じて変えましょう。

・子ども同士が衝突する危険性があるので、スペースを十分にとって、安全に配慮しましょう。

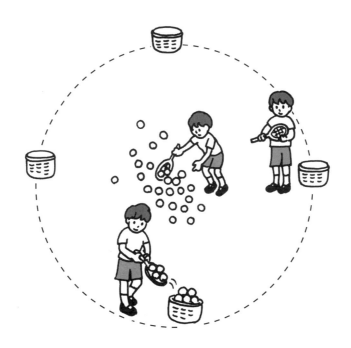

実践編

ボールはこび

【あそびで育つもの】
- 操作系運動スキル（用具でボールを維持する）、移動系運動スキル（用具を持って歩く）の向上
- 平衡性、協応性、調整力、集中力、判断力の育成

【あそびの準備】

スポンジボール（20）

ラケット（4〜6）

【あそび方】

①10〜12人で1チームになり、2つに分かれ、10m程離れ、向かい合って並びます。

②先頭の子はラケットのフェイス（面）にスポンジボールを乗せ、スタートラインに立ちます。

③指導者の合図でスタートし、向かい合っている子のところまで運び終えたら、ラケットとスポンジボールを渡し、最後尾に並びます。

④以上をくり返し、一巡したら全員が座り、一番はやいチームを勝ちとします。

【メモ】

- ラケットは、グリップの部分を握るようにします。
- 最初は両手で握り、慣れてきたら片手で握り、行ってみましょう。
- 向かい合う距離を徐々に離していったり、フェイス（面）に乗せるスポンジボールの数を増やして行ってみましょう。
- 子どもの人数や実施場所の状況で、チーム編成を変えましょう。

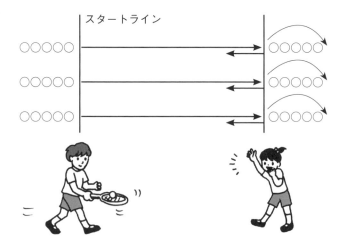

第6章　仲間づくりあそびとラケット・ボールを使った体育あそび

ボールあつめ

【あそびで育つもの】
- 操作系運動スキル（用具でボールをころがす）の向上
- 移動系運動スキル（ボールをころがしながら歩く）の向上
- 協応性、敏捷性、調整力、集中力、判断力の育成

【あそびの準備】
スポンジボール（50）
ラケット（4～6）
カラーリング（4～6）

【あそび方】
①カラーリングを、円を描くようにほぼ均等な間隔で数か所に置き、中央部にスポンジボール50個程を散乱させます。
②カラーリングのところにラケットを持って立ちます。
③指導者の合図でボールあつめを始め、ラケットでスポンジボールをころがしながら帰り、自分のカラーリング内に入れます。
④以上をくり返し、散乱しているスポンジボールが全部なくなったら、自分のカラーリングの所に帰り、ラケットを置きます。
⑤指導者の音頭で、数えながら1つずつ中央部に投げ返し、一番多い人を勝ちとします。

【メモ】
- ラケットはグリップの部分を握るようにします。
- 最初は両手で握り、慣れてきたら片手で握り、行ってみましょう。
- カラーリングの数とスポンジボールの数は、子どもの人数や実施場所の状況に応じて変えましょう。
- 子ども同士が衝突する危険性があるので、スペースを十分にとって、安全に配慮しましょう。

ボールころがし

【あそびで育つもの】
- 操作系運動スキル（用具でボールをころがす）の向上
- 移動系運動スキル（ボールをころがしながら歩く）の向上
- 巧ち性、平衡性、協応性、調整力、集中力、判断力の育成

【あそびの準備】
スポンジボール（4〜6）
ラケット（4〜6）
カラーコーン（4〜6）

【あそび方】
①スタートラインの後ろに、チームごとに1列になって並びます。
②先頭の子は、スタートライン上にスポンジボールを置き、ラケットを持って立ちます。
③指導者の合図でスタートし、ラケットでスポンジボールをころがしながらカラーコーンを回ってもどり、次の子に引き継ぎ、最後尾に並びます。
④以上をくり返し、一巡したら全員が座り、一番はやいチームの勝ちとします。

【メモ】
- ラケットはグリップの部分を握るようにします。
- 最初は両手で握り、慣れてきたら、片手で握り、行ってみましょう。
- 子どもの人数や実施場所の状況でチーム編成を変えましょう。

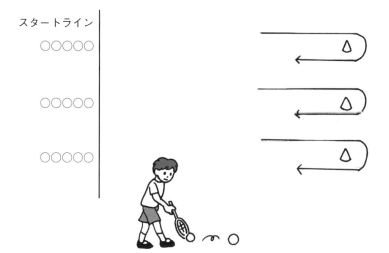

ボールころがし競争

【あそびで育つもの】
- 操作系運動スキル（ラケットでボールをころがす）の向上
- 巧ち性、平衡性、協応性、調整力、集中力、空間認知能力の育成

【あそびの準備】
スポンジボール（20）
ラケット（2〜4）
カラーコーン（2〜4）

【あそび方】
①ライン上にスポンジボールを置き、ラケットを使って(振って)、できるだけ遠くへ¥ころがします。
②一番遠くにころがっていった場所へカラーコーンを置き、スポンジボールはひろって帰ります。
③順番に行い、一番遠くにころんだ場所にカラーコーンを移動させていき、一番遠い子を勝ちとします（前の子より近い場合は、スポンジボールだけひろって帰ります）。

【メモ】
- ラケットはグリップの部分を握るようにします。
- 最初は両手で握り、慣れてきたら片手で握り、行ってみましょう。
- 慣れてきたら、ライン上にスポンジボールを5つ程並べて連続で行わせると、子どもの好奇心がわいて楽しく遊べます。
- 子どもの人数が多い場合、十分なスペースがあれば、実施場所を増やしましょう。
- ラケットを振るので、危険性が増します。まわりの人に当たったり、手から離れたりする可能性があるので、安全に配慮しましょう。

実践編

シュート競争

【あそびで育つもの】
- 操作系運動スキル（ラケットでボールをころがす）の向上
- 巧ち性、平衡性、協応性、調整力、集中力、空間認知能力の育成

【あそびの準備】
　スポンジボール（20）
　ラケット（2～4）
　カラーコーン（2～8）

【あそび方】
① カラーコーンを2mの間隔で横に並べ、ゲートをつくります。
② ゲートの中心から2m間隔でつけた印の上にスポンジボールを置き、ラケットでゲートをめがけて、ころがしてシュートします。
③ ゲートに近いスポンジボールから順番にシュートし、合計点数（15点満点）が多い子を勝ちとします。
④ 終わったら、ラケットを次の子に渡し、スポンジボールをひろって帰り、印の上に置きます。

【メモ】
- ラケットは、グリップの部分を握るようにします。
- 最初は両手で握り、慣れてきたら片手で握り、行ってみましょう。
- 子どもの人数が多い場合、十分なスペースがあれば、実施場所を増やしましょう。
- ラケットを振るので、危険性が増します。まわりの人に当たったり、手から離れたりする可能性があるので、安全に配慮しましょう。

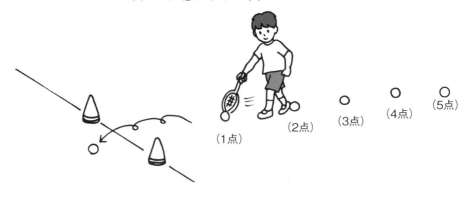

ボールつき

【あそびで育つもの】
・操作系運動スキル（ラケットでボールをつく）の向上
・協応性、巧ち性、調整力、集中力、空間認知能力の育成

【あそびの準備】
　スローモーボール（6～8）
　スポンジボール（6～8）
　ラケット（6～8）

【あそび方】
①最初に、ラケットのフェイス（面）で上の方向につく練習をします。
②下の方向に（地面）につく練習をします。
③どちらも連続してつけるようにします。
④慣れてきたら、競争に展開して、一番長くつけた子を勝ちとします。

【メモ】
・ラケットはグリップの部分を握るようにします。
・最初は両手で握り、慣れてきたら片手で握り、行ってみましょう。
・スローモーボールで慣れた後、スポンジボールで行ってみましょう。
・ラケットのフェイス（面）の真ん中でつき、方向や高さができるだけ一定になるようにしましょう。
・子どもの間のスペースを十分にとって、安全に配慮しましょう。

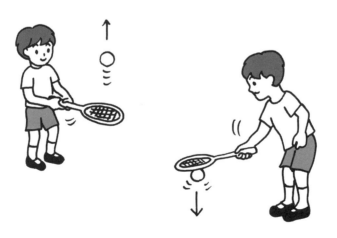

実践編

バウンドボールうち

【あそびで育つもの】
　・操作系運動スキル（ラケットでボールをうつ）の向上
　・巧ち性、平衡性、協応性、調整力、集中力、判断力、空間認知能力の育成

【あそびの準備】
　スローモーボール（2～8）　　スポンジボール（10～40）
　ラケット（1～4）　　　　　カラーコーン（10～20）

【あそび方】
　①ラケットを持った子の近くに指導者は立ち、打ちやすいところへスポンジボールを落とし、バウンドさせます。
　②バウンドし、上がって再び下がり始めたところを打ち、前方に飛ばします。
　③打ち終わったら、ラケットを次の子に渡し、ボールをひろって帰ります。

【メモ】
　・ラケットはグリップの部分を握り、ラケットを後方に引いておきます。
　・最初は両手で握り、慣れてきたら片手で握り、行ってみましょう。
　・スローモーボールで慣れた後、スポンジボールで行ってみましょう。
　・指導者は、子どもが打つタイミングを取りやすいようにかけ声をかけます。
　　（例えば、イチ・ニー・サン：サンで打てるように）
　・1ｍ間隔でコーンを置き、飛んだ距離がわかるようにすると、好奇心がわいて楽しく遊べます。
　・子どもの人数が多い場合、スペースがあれば、実施場所を増やしましょう。
　・ラケットを振るので、危険性が増します。まわりの人に当たったり、手から離れたりする可能性があるので、安全に配慮しましょう。

点とりテニス

【あそびで育つもの】
- 操作系運動スキル（ラケットでボールを打つ）の向上
- 協応性、巧ち性、平衡性、調整力、集中力、判断力、空間認知能力の育成

【あそびの準備】
スポンジボール（5～20）
ラケット（1～4）
ネット（1～4）

【あそび方】
① ネットを設置し、奥に縦10m、横5mのコートを作り、2m間隔で1点～5点のエリアに分けます（ネット手前、コート外は0点）。
② ネット手前2mの決められた場所から、指導者がバウンドさせたスポンジボールをラケットで5回連続して打ち、落下したエリアの得点合計が高い子を勝ちとします。

【メモ】
- ラケットはグリップの部分を握り、ラケットを後方に引いておきます。
- 指導者は、子どもが打つタイミングを取りやすいように、かけ声をかけます。
  （例えば、イチ・ニー・サン：サンで打てるように）
- 子どもの人数が多い場合、スペースがあれば、実施場所を増やしましょう。また、チームに分かれて競争してもよいでしょう。
- ラケットを振るので、危険性が増します。まわりの人に当たったり、手から離れたりする可能性があるので、安全に配慮しましょう。

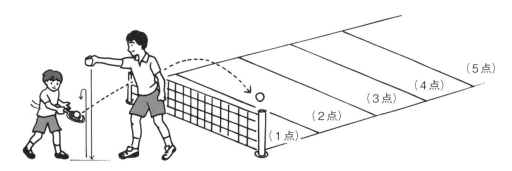

（原田健次・森　博史）

第7章 指導実習と参加実習

〔前橋　明〕

1　指導実習の目標

　幼児体育の指導者として、幼児のために創作した、運動あそびや運動ゲームを用いて、指導を展開し、子どもの発達にどう関わっていくのか、どのように体育指導を展開するのか等、幼児期の子どもたちへの指導や援助の実際を学んでいきます。

2　実習の種類

(1) 指導実習（指導担当者）

　指導の担当として、役割を与えられた受講生は、責任をもって、課題を遂行する指導計画を立て、一人で（あるいは、小グループで）、指導を行います。これまでの学びを総合的に駆使しながら、指導を展開していきましょう。

　予想していた活動と、現実に生じていく活動のギャップにどう対応していくかが問われます。想像し得ないことが展開していったときに、果たしてどうすべきか、自分自身の知らない力を知らされるときでもあり、参加者がそれを引き出してくれるときでもあります。

　指導者としての適切な働きかけを試しながら、「幼児体育指導者の仕事や役割を理解する」目標に向け、幼児体育の営みを、積極的に体感していってください。

(2) 参加実習（参加者）

　参加者のみなさんには、参加実習をしていただきます。指導を受ける幼児になって、積極的に指導に参加してください。指導の流れに乗りながら、子どもの視線に立って、子どもの世界に入って、あそびや運動を試み、また、指導者の視野で、指導や援助の仕方を学びながら、適切な参加ができるように動いてください。

　このように、参加者は、二つの立場を有することになります。一つは、子どもになること、もう一つは、指導者としての学びを得ることです。

3　指導実習準備

　見学の内容は、指導を行う体育室、園庭（運動場）、遊具の配置や機能、クラス編成、参加者数（幼児数）などの人的・物的環境を知り、体育指導の流れ等を検討します。

　準備の段階で、実習するクラスの参加者（子ども）の名前を覚え、できれば個々の特徴や行動の仕方に目を向け、参加者（子ども）の興味・関心事は何かを探りながら、実習生として自分の位置を確保しておきたいものです。

4　指導の展開

　指導実習では、子どもの実態を考慮しながら、実習生自身の思いや考えを練り上げていきましょう。思いや考えとは、担当する子どもたちと何を経験したいのか、その経験から子どもたちが何を学び、子どもたちに何を感じ取ってもらいたいのか等の実習生の子どもへの願いです。それが、「ねらい」となります。

　内容も、実習するクラスの子どもたちの年齢や発達レベルに合っているか、題材や活動が、その時期や季節に合っているか、そして、活動内容としては、子どもたちに無理のないもの、反対に簡単すぎないもの、また、子どもたちの興味を引きやすいものを選択すると、実習も進めやすくなります。

　ねらいに基づいて「主な活動」が決まれば、あとは、自然な流れとなるように組み込んでいけばよいのです。時間を追って、子どもたちの活動の姿を思い描きながら、実際に頭の中でシュミレーションしていきます。この過程を、ぜひ楽しんでいってもらいたいのです。苦痛にだけ感じていたのでは、でき上がった計画は、子どもたちにとって「させられる」だけの体育になってしまいます。

　指導の流れは、一般的には導入、展開、整理の3段階で構成されていきます。

　導入の段階では、幼児の健康チェックと見学者および欠席者の確認をしたうえで、指導のねらいや内容を幼児に知らせたり、実践を効率的に行うためのグルーピングや役割分担を行ったりして、活動の見通しを与え、一人ひとりにやる気を起こさせるようにします。

　展開の段階では、学習内容を活動によって習得させ、さらに定着させる段階で、時間的に最も多くの時間を割り当てます。また、幼児の多様な動きに対応して、適宜、手直しができるように、柔軟な計画とします。

実践編

　整理の段階では、クラス全体としてだけでなく、個人やグループにも着目して、反省・評価を行うとともに、幼児に学習の成就感を味わわせ、次時や日常の健康な生活へ向かって、運動する意欲を喚起し、学習の成果にまとまりをつけます。

　指導の展開において、指導者が具体的に注意すべき事項を、以下に列挙してみます。

(1) 幼児への働きかけを明確にすること
　幼児への働きかけは数多くありますが、それぞれが一連のつながりをもっています。以下に、その主な働きかけを3つ紹介しておきます。どの働きかけを用いて指導を展開するかを明確にしておくことが大切です。
　①指示的指導活動
　　この働きかけでは、指導内容の系統によってプログラムが編成されるとともに、一斉指導の形態をとり、運動技術習得のための練習活動の場として、よく使われます。
　②探究的指導活動
　　この働きかけでは、幼児の学習課題によってプログラムを編成し、幼児の主体的活動を積極的に促していきます。つまり、グループ学習による練習活動や思考活動、相互交流活動によって支えられます。
　③課題発見的指導活動
　　この働きかけでは、幼児の先行経験をもとにして、自ら学習課題を発見し、活動が展開されています。ここでの幼児の活動は、②の探究的指導活動より、もっと主体的になります。

(2) 運動の形式にとらわれすぎないこと
　運動スキルや人数による形式、競争やゲームに伴うルールの形式などにとらわれすぎない弾力性のある指導が大切です。どんな条件下でも、幼児自身が工夫して、運動を楽しむことのできる能力を育ててほしいものです。

(3) 運動に熱中できる活動を工夫すること
　運動スキルは、幼児が運動に熱中し、反復練習をすれば、動きを自然に身につけ、獲得されていくことにつながるので、幼児一人ひとりが熱中できるための活動内容や活動方法の工夫が大切となります。

(4) 友だちとの交流がもてるよう、活動を工夫すること

体育あそびの指導では、一人ひとりの運動への自律能力を高めることをねらうだけでなく、誰とでも仲よく、いっしょに楽しみながら活動できる社会性の育成も大切です。社会性は、友だちとの交流活動を質的に深めることによって培われるものですから、その育成のためには、今後とも、相互交流のできる活動を導入したり、相互交流の深め方を工夫したりすることが大切です。

(5) 指導の流れの中に個別指導を位置づけ、展開できるよう工夫すること

指導の全体の流れの中に、運動能力の低い幼児や運動に対して消極的な幼児、他児と仲よく、いっしょに活動できない幼児へのかかわりを、はっきりと個別指導として位置づけることが大切です。

(6) 動機づけや賞賛の言葉かけ、技術面における的確なアドバイスを工夫すること

運動に対し、消極的な幼児を積極的に取り組む幼児に、運動の嫌いな幼児を好きな幼児に、友だちとのかかわりがもてない幼児をいっしょに仲よく友だちと関わって活動できる幼児へ成長させるために、機会あるごとに、心に残る的確な指導やアドバイス、賞賛を送ることができるならば、運動を実践する喜びをいっそう高めることができます。

5 指導実習の反省・評価

指導の評価は、指導担当者（実習生）が行った指導や姿勢について、客観的に振り返り、今後、幼児体育指導者としての資質や指導技術を向上させていくための指標となるものです。

指導実践における評価は、以下の視点から、反省・評価をするとよいでしょう。

①導入の段階では、幼児の健康チェックと見学者および欠席者の確認と対応をしたか。
②指導のねらいや内容を、幼児にわかりやすく知らせたか。
③実践を効率的に行うためのグルーピング・役割分担を行い、活動の見通しを与え、一人ひとりにやる気を起こさせるようにしたか。
④展開の段階では、学習内容を活動によって習得させたか。
⑤さらに定着させる段階で、時間的に最も多くの時間を割り当てたか。
⑥幼児の多様な動きに対応して、適宜、手直しができたか。

⑦整理の段階では、クラス全体としてだけでなく、個人やグループにも着目して、ねらいに基づく、反省・評価を行ったか。

⑧幼児に学習の成就感を味わわせたか。

⑨次時や日常の健康な生活へ向かって、運動する意欲を喚起したか。

⑩学習の成果にまとまりをつけて終了したか。

⑪内容が、実習するクラスの子どもの年齢や発達に合っていたか。

⑫活動内容は、子どもにとって、無理のないもの、反対に簡単すぎないものであったか。

また、評価の項目には、次のようなものもあります。

①指導者の性格適性に対する評価

　健康管理、明朗な表情、時間的規律、責任感、誠実性、協調性など

②指導姿勢に対する評価

　実習意欲、努力姿勢、身だしなみ、言葉遣い、態度・服装など

③幼児体育の知識や技術に対する評価

　準備とその活用、指導計画立案と準備、その他、指導に関する事務処理など

④子ども理解に対する評価

　個々の子どもを見る目、発達に適した関わり方、適切な判断力、子どもとの話力、子どもへの指導力、公平かつ適切な援助など

⑤幼児体育全般の理解に関する評価

　体育指導の流れ、幼児の生活リズムと健康に関する基礎基本の理解、体育環境整備への関心など

評価を受けた後で、場合によっては落胆したり、反対に自信を得たり、意外にも満足したりと、様々な思いを抱くでしょうが、評価を感情的に完結させてはいけません。評価者は、指導を担当した実習生の長所を最大限に見いだそうとする一方で、客観的、かつ、的確な評価を下します。実習生は、その評価に、単に一喜一憂するのではなく、謙虚に受け止めて、前向きな気持ちで、今後の課題として捉えていくことが大切です。

反省会に臨む心構えとして、受け身的な姿勢よりも、自分の方からも、積極的に反省を述べ、残してしまっている質問や疑問をきれいに解決しておける会としたいですね。

最後の謝辞も、心のこもった言葉を用意しておきたいものです。

第 8 章

幼児体育指導実践

〔前橋　明〕

実践編

　創作した運動あそびやゲームを、実際に紹介してみましょう。このとき、幼児に紹介して、いっしょに遊ぶ、あるいは、運動してもらう、という設定で実習を行います。ここでは、受講者のみなさんに、指導担当者と幼児になっていただきます。

　実習における課題を発表します。

　例：（　）内は、一つの例です。
（1）（　30　）分の体育指導を計画して、実践しなさい。
（2）テーマは、（　新聞紙を使った運動あそび　）です。
（3）受講者の方には、幼児になって参加していただきます。
　　1グループの幼児は、（　15　）名とします。
（4）指導後、反省会を行います。指導担当者には、自分の発表の反省をしていただいた後、反省会の司会をしてもらいます。
（5）グループごとに、参加者・見学者も、気づいた点を発表し、討論します。
（6）最後に、評価者より、指導・助言をいただきます。

　では、指導担当者となった受講者に、各自が創作した運動あそびを、指導してもらいましょう。

運動あそび実施上の留意事項
　運動あそびを実践するにあたって、実施上、大切な留意事項を整理しておきます。
（1）十分な空間を確保し、まわりの人や物に当たらないかを確認して、安全に始めましょう。また、安全についての約束事は、始める前に話し合っておきましょう。なお、子どもの服装が乱れていたら、安全のため、整えてから始めましょう。
（2）怖がる子どもに対しては、無理にさせるようなことは避け、また、できないことでも、がんばって取り組んでいるときは、励ましの言葉をしっかりかけてあげましょう。
（3）指導者は、子どもの興味を引く話し方やわかりやすい言葉遣いを大切にしましょう。また、話すときは、子どもの目を見て話すようにしましょう。
（4）指導者が子どもに動きを見せるときには、わかりやすく、大きく、元気に表現することが大切です。そうすると、子どもの方に、やってみようという気持ちがでてく

るはずです。しかし、子どもは、大人の悪い癖も真似をします。見本に示す動きは、しっかりした正しい動きが良いでしょう。とくに、しっかり伸ばすところは伸ばし、曲げるところは十分に曲げることが大切です。

(5) 笑顔で活動して楽しい雰囲気を作り、子どもに「楽しさ」を感じさせることが、大きなポイントです。また、指導者もいっしょになって、心から楽しんで活動することと、活動のおもしろさや楽しさを共感することが大切です。

(6) 大人のからだの大きさや力強さを、子どもに感じさせることも大切です。子どもは、大人の力の強さや頼もしさを実感し、一層信頼して関わってきます。でも、力の加減もしてくださいね。

(7) 動きは、簡単で、しかも、しっかりからだを動かせるものが良いのですが、時々、からだを上下させたり、まわしたりして、方向も変えてみましょう。

(8) 寒いときは、からだが温まるように、動きの多いものにしましょう。

(9) 課題は、単純なものから複雑なものへ、少しずつ難易度を増すように配慮してもらいたいですが、時に、課題を難しくして、適度な緊張感をもたせることは、動きに対して集中させたり、新鮮さをもたせる点で重要です。

(10) 子どもの工夫した動きや体力づくりにつながるような良い動きを見つけた場合には、その動きをしっかり誉めて、子どもに教育的な優越感を与えましょう。

(11) どうしたら、上手にできるかというアドバイスを与えることも重要ですが、時間を与え、子ども自身に解決策を考えさせることも大切です。

(12) 子どもがわからないところは、具体的に子どものからだを動かしたり、触ったりして教えると、動きが理解しやすいでしょう。

(13) 一生懸命しようとしている子どもに、しっかりと対応することが大切です。上手にできている場合やがんばっている場合、工夫している場合は、しっかり誉めていきます。そうすると、子どもはやる気をもったり、誉められたことで自信につながったりします。

(14) 身近にある道具や廃材を利用しても、楽しい運動やあそびに役立つことを、子どもに知らせることも大切です。

では、良い汗を流して、楽しんで下さい。指導者やリーダーの人は、子どもに良い思い出をいっぱいもたせてあげて下さい。

第9章 幼児体育指導上のポイント

〔前橋　明〕

実践編

1　幼児体育指導上のポイント

運動を幼児に指導するにあたって、指導上、大切な留意事項を整理しておきます。

（1）導入場面での留意事項

　1）安全な環境設定

　十分な空間を確保し、まわりの人や物にあたらないかを確認してから、安全に指導を始めましょう。また、安全についての約束事は、始める前に話し合っておきましょう。なお、子どもの服装が乱れていたら、安全のため、整えてから始めましょう。

　指導する場所が屋内か屋外か、また、広さが大きいか、小さいかの違いに応じて、指導内容や方法を変えていくことが必要です。もちろん、危機管理も必要で、屋内であれば、ガラスや家具の位置、屋外であれば落ちているものや穴があいていたりしないか、砂埃は舞っていないか等については、とくに意識して、指導前にとり除ける危険なものは、拾ったり、動かしたりしておきましょう。

　また、狭い室内で指導する場合、子ども同士の衝突事故を防ぐために、人数を半分に分けて指導を行ったり、その場で動ける内容を導入したりする必要があります。

　2）服　装

　運動を行うときの服装として、①動きやすい服装であるか、②厚着をしていないか、③屋外では、帽子をかぶっているか、④靴をきちんと履いているか、靴の後ろを踏んでいないか、⑤マットや器械系の運動時に、頭部にヘアーピンをつけていないか等をチェックして、問題があれば、それらの問題点を正してから始めることが大切です。

　指導者自身が、自分の身だしなみに注意することも忘れないようにしてください。子どもたちに、「シャツをズボンにしまいなさい」と言いながら、指導者自らがファッションにこだわり、シャツを出しっぱなしにすることのないように、また、床面で靴下履きのままで指導しないように、気をつけましょう。滑って転んで、大ケガをします。まして、子どもの補助は危なくてできません。まずは、子どもたちの模範となろうとする意識をもつことが大切です。

　なお、子どもたちの顔やからだに、自分の腕時計やアクセサリーをひっかけたりしないように、腕時計やアクセサリーは、はずして指導しましょう。首からかけている笛のヒモにも、要注意です。ヒモが子どもに巻きついたりしないように、笛を首からぶら下げての

実技指導は控えましょう。フードつきのウェアーでの指導も、視界を妨げたり、動きを止めたりする可能性があるため、控えましょう。子どもたちの顔やからだをひっかいて傷つけたりしないように、爪を切りそろえておくことも重要です。

3）指導者の立ち位置

屋外で指導を行う場合には、太陽の位置や風向きに注意することが必要です。話を聞く子どもたちに、太陽光や風が直接、正面からあたるような指導者の立ち位置は、子どもがまぶしかったり、寒かったりして、集中力をそぐことになります。子どもたちが、太陽や風を背にして位置できるように心がけましょう。

また、子どもたちの前に、楽しそうに遊ぶ他の子どもたちがいたり、車の出入りが目に入ったりすると、子どもたちの注意がそちらに移ってしまい、集中力が奪われます。子どもたちの正面には、指導者以外に、注意の向くような人や物がないように、指導者は立ち位置を決めてください。

年少の子どもたちを指導する場合には、集合時に、決まった立ち位置、つまり、指導者が立つ位置を固定しておくと、わかりやすさと安心感を与えるので、よいでしょう。指導者の声が発せられた際に、「先生はこの方向にいるだろう」という子どもたちの予測がしやすくなることで、子どもたちの集散が早くなって効率が良くなります。

4）隊　形

子どもたちを集めての指導では、横長の隊形で集合させることがよいでしょう。横長に集めれば、後方にまで声が届きやすく、指導者とのアイコンタクトもしやすくなり、子どもたちの集中力が増していきます。

一方、縦長に子どもたちを集めると、後方に位置する子どもたちには声が届きにくく、示範も見えにくくなります。また、指導者の視線も感じられなくなります。

気をつけることは、どのような隊形でも、指導者の視野の中に、全員の子どもが入るような広がり方を意識することが大切です。指導者の視野から外れると、子どもたちは指導者との距離が近くても、指導者の視線を感じづらく、集中力を持続できません。

5）整列・子どもたちとの距離

子どもたちに「集まれ」と呼びかけると、子どもたちは我さきに指導者に向かって走ってきます。「一番になりたい」「大好きな先生にくっつきたい」というのが、子どもたちの気持ちでしょう。そのような場面で、指導者が後方にスペースをとらず、壁に背をつけた状態で集合を呼びかけてしまった場合、身動きが取れなくなります。したがって、子どもたちを集めるときは、自分の立ちたい位置より少し前で、子どもたちを呼んで受け入れ、

実践編

その後に、自分が数歩、後ろにさがって、子どもたちと一定の距離を保つように心がけましょう。このように、子どもたちとの距離を適切にとることで、示範も見せやすく、子どもたちとの視線も合わせやすく、さらに、ゆとりをもって指導しやすくなります。

また、はじめの挨拶をする場所と終わりの挨拶をする場所を同じにしておくことも、年少児にとっては、習慣づくりやわかりやすさの面で大切です。全体説明をする場所も一定にすることで、落ち着いた時間になります。

整列するときは、となりの子どもとの間隔を適切にとった後、前後の距離を保つことに集中させるとよいでしょう。隣同士がお互いに手が届かないように、間隔を開けて並ぶようにさせると、次は、前後の距離をとることだけに集中しやすくなり、早く整列できるようになります。隣とは「間隔」、前後は「距離」と言います。

6）話し方

指導者は、子どもの興味を引く話し方やわかりやすい言葉遣いを大切にしましょう。また、話すときは、子どもの目を見て話すようにしましょう。

1～2歳児の場合には、言葉でのやりとりが難しいので、いっしょに動いたり、手本を見せたりしながら指導をすることが理解を促す良い方法となります。

7）準備運動

準備運動のことを、英語で「warming up」と言います。つまり、全身を動かして、体温を上げることです。そうすると、筋肉の血液循環が良くなり、エネルギー供給もスムーズになっていきます。運動効率を良くするからだの状態を作り上げることですから、ケガや事故の防止にもつながるコンディションづくりになります。心臓に遠いからだの部分から動かし、次第に全身を動かして、関節の可動域も広げていきましょう。

対面で行う場合、動きの方向において、左右、前後など、常に反対を意識して指導することが大切です。また、時計まわりに走ったら、次には半時計まわりに走る等、反対の方向への動きを取り入れることは、バランスの良い発達を促すことに繋がり、指導内容のふくらみや広がりにも有効に働きます。

8）グループ分け

雪あそびやスキーに出かけるときのグループ分けは、日常行っているグループ分けを基本にしておくのがよいでしょう。緊急時に、新しいメンバーでは、子どもは急な対応ができません。そこにいる子、いない子の判断や見極めはできません。さらに、指導側も、必ず、子どもをみる人と、連絡に回る人の、1グループに最低2人の指導者の確保が求められます。

(2) 展開場面での留意事項

1) 用具・器具の使い方

用具・器具は、保健衛生上、きれいに、かつ、衛生的に長く保持できるように、丁寧に扱うとともに、安全保持上、正しく使いましょう。マットを引きずっての準備や片づけはしないように気をつけましょう。障がい児に対して、マットを使用する場合は、事前の消毒や清掃の必要な時が多々ありますので、気をつけてください。また、マットを足で動かすこともしないように気をつけてください。

2) 怖がる子に対する配慮

怖がる子どもに対しては、無理にさせるようなことは避け、また、できないことでも、頑張って取り組んでいるときは、座るだけでも、見るだけでも、できた場合には、その努力に対する励ましの言葉をしっかりかけてあげましょう。

3) 運動量

寒いときは、からだが温まるように、動きの多いものにしましょう。指導者の話が長い場合、子どものからだは冷えて、かじかんで、技術すら練習できない状態になります。

また、課題が難しかったり、通路が狭かったり、選択するコースがなかったり、割り当てられた人の人数が多すぎたり、用具が少なかったりすると、待ち時間が長くなり、運動量が激減します。限られた時間の中で、待ち時間を少なくし、効率的に動けるように配慮して、運動量を確保する工夫が必要です。

4) 補　助

子どもがわからないところは、具体的に子どものからだを動かしたり、触ったりして教えると、動きが理解しやすいでしょう。

また、補助してくれたり、助けてくれたりする大人のからだの大きさや力強さを、子どもに感じさせることも大切です。子どもは、大人の力の強さや頼もしさを実感し、一層安心して、信頼して関わってきます。でも、力の加減もしてくださいね。

主の指導者がいる場合の補助は、あくまでも、子どもたちが、主の指導者に注目できるように、また、主の指導者の指導の邪魔にならない立ち位置や補助のタイミングに気をつけてください。道具の出し入れの補助についても、子どもたちの正面で、子どもたちの注意を乱すような動きをしたり、音を立てたりして、指導の邪魔になる等、動きや音の面で、指導環境を乱さない配慮が必要です。もちろん、補助者同士の不必要なおしゃべりも禁止です。

5）技術習得

低年齢の子どもほど、言葉で説明をするより、示範して見せる方がわかりやすいものです。指導者が子どもに動きを見せるときは、わかりやすく、大きく、元気に表現することが大切です。そうすると、子どもの方に、してみようという気持ちがわいてくるはずです。しかし、子どもは、大人の悪い癖も真似します。見本に示す動きは、しっかりした正しい動きがよいでしょう。とくに、伸ばすところはしっかり伸ばし、曲げるところは十分に曲げることが大切です。

動きは、簡単で、しかも、しっかりからだを動かせるものがよいのですが、時々、からだを上下させたり、まわしたりして、方向も変えてみましょう。

やる気と自信が必要ですから、大げさにほめてあげましょう。しかし、ただほめるのではなく、何が良くて、何がダメなのかをしっかり説明することが大切です。幼児期の後半くらいになると、自分たちで行動できるようになるので、見守ることが必要になってきます。任せることで、責任感も身についてきますので、良いヒントを与えることが求められます。

6）集中力の持続

幼児が集中できる時間は、長くありません。1回の指導では、30分から長くても60分くらいを目安とすることが多いですが、子どもの年齢や天候、季節の影響も受けます。

また、1種目の活動は、10～15分くらいの目安で考えていきましょう。長続きは無理なので、短時間で内容を切りかえながら進めていくことが求められます。

課題は、単純なものから複雑なものへ、少しずつ難易度を増すように配慮しましょう。けれども、時に、課題を難しくして、適度な緊張感をもたせることは、動きに対して集中させたり、新鮮さをもたせたりする点で重要です。

子どもたちを指導者に引きつけ、集中した時間にしていくためには、声の大きさが重要になります。大きな声で引きつけるだけではなく、あえて声を小さくして、「何を言ったのかな？」と、子どもたちに興味をわかせ、集中させる方法もあります。

7）楽しい雰囲気づくり

笑顔で活動して楽しい雰囲気を作り、子どもたちに「楽しさ」や「明るさ」を感じさせることが、大きなポイントです。また、指導者もいっしょになって、心から楽しんで活動することと、活動のおもしろさや楽しさを共感することが大切です。

指導者自身が楽しそうで明るい表情で向き合うと、子どもたちの表情も明るくなっていきます。子どもたちに緊張感を感じてもらうために、指導者が表情を変化させていくよう

なテクニックも必要となります。ただし、子どもたちに恐怖心をもたせてしまうような表情は、つくらないように心がけましょう。

8）満足感

やさしいものから難しいものへと、段階的指導をします。幼少児には、スモールステップで進めると、「わかった」「できた」という思いがもてるようになり、満足感に繋がります。

また、子どもたちをあまり待たせない工夫が必要です。子どもの並ばせ方、用具の位置などの工夫によって、心理的に待たせないようにしましょう。

用具を使って、子どもたちがどのように遊んでいるのかを観察したり、既成概念にとらわれたりせず、あらゆる角度から、柔軟な発想をもつことが、子どもたちに満足感をもたせる上で必要です。

9）やる気の奮起

子どもの工夫した動きや体力づくりにつながるような良い動きを見つけた場合には、その動きをしっかりほめて、子どもに教育的な優越感を与えましょう。

一生懸命しようとしている子どもに、しっかりと対応することが大切です。上手にできている場合や頑張っている場合、工夫している場合は、しっかりほめていきます。そうすると、子どもたちはやる気をもったり、ほめられたことで自信につながったりします。

グループでのあそびは、1グループの人数をあまり多くしないようにします。年齢によって、適切なグループの人数は異なりますが、4歳以上になったら、協力することやチームの和を意識させるために3〜4人のグループ、ルールや規制を理解させるときは10人くらいまでのグループがよいでしょう。

10）主体性や自発性、創造性の育成

どうしたら上手にできるかというアドバイスを与えることも重要ですが、時間を与え、子どもたち自身に解決策を考えさせることも大切です。

要は、答えを早く教えすぎないように気をつけることが必要です。主体的な子どもに育ってもらうために、すべての答えを与えすぎず、ちょっと考えて自ら答えを見つけられるようなかかわりをしてもらいたいものです。大人の思う通りにならないことを叱りすぎず、逆にほめて、そして、認めていくようなかかわりが、子どもたちの主体性を育みます。

また、身近にある道具や廃材を利用しても、楽しい運動やあそびに役立つことを、子どもたちに知らせることも大切です。指導者自身が、日頃から、身近にあるものを用いて、どのような手づくりの用具や遊具が創作できるかを考案する努力が必要です。

11）危険に対する対応

用具や器具の安全な使用方法とともに、どのような使用方法があるかを、日頃から知っておきましょう。用具や器具は、どんな形状や重量なのか、それらについての知識を習得しておくことが、安全な運動の展開には必須です。例えば、マットの耳を下にして、子どもたちが手足を引っかけないように、マットを敷いてください。

危険な悪いことをした子を注意するときは、そうしたことがなぜいけないのか、どのような点がいけないのかを、ストレートに伝えることが大切です。

また、幼児期は、頭が大きく、重心が高い位置にあることを理解しておく必要があります。したがって、転倒しやすいというからだの特徴を念頭においた指導の実践が求められます。

12）競　争

競争的な運動では、他人との比較ばかりを行うのではなく、自己の記録に挑戦させること、例えば、前回より、今回は回数を多く跳ぶ、速く走る、または、遠くへ跳ぶ等、子どもの内発的動機づけを高めていくことを大切にしたいものです。

リレー形式の運動あそびは、勝敗にこだわり、一見、盛り上がります。しかし、負けた場合は、原因を追及して個人攻撃になることは避けねばなりません。リレー形式の運動あそびをさせる場合は、人数や男女の割合を同等にする等の配慮が必要です。

（3）整理場面での留意事項

1）整理運動

主の活動で、動いて使った筋肉の緊張をほぐして、呼吸を整え、心身をリラックスさせていきます。疲労の蓄積を軽減させ、次の活動に円滑に進めるようにします。

とくに、からだの面では、緊張した筋肉から、動きを円滑に行う筋肉の柔らかさを復活させたり、いろいろな方向に曲げたり、伸ばしたりするからだの柔らかさを、あわせて確保しておきましょう。

「疲れたからしない」ということなく、整理運動までしっかりできる子は、いろいろな方向からの動きを作り出せる、柔らかくバネのある身体能力を高めていけます。習慣化させましょう。

2）後片づけ

いろいろな用具や遊具を使用した後は、子どもたち自身で片づけを行う習慣をつけたいものです。子どもにとって、操作が難しい重量のある物や危険性を伴うもの、倉庫や器具

庫に収納が難しい物などについては、指導者が片づけるべきですが、ボールやコーン、マット、タイヤ等、子どもたちが安全に運べるものについては、指導者の監督のもと、子どもたちが協力し合って、いっしょに運ぶことは可能でしょう。

また、指導のテクニックの一つとして、ゲーム感覚で、片づけを最後に行う方法もあります。

3）活動のまとめ

指導者が計画したねらいを、わかりやすい言葉で、子どもたちとやり取りをして、反省・評価をしてあげましょう。頑張ったこと、工夫したこと、よく動けたことを認めてほめ、逆に、うまくいかなかったこと等も聞いてあげ、改善方法のヒントを投げかけて、次回の活動へとつないで終えましょう。

4）運動後の安全、保健衛生

運動中に、転んだ子どもやひざをすりむいた子ども等を覚えておいて、終了後に、再度、ケガの程度や状態を確認し、手当てや要観察などの、状態に応じた処置や対応をしていきましょう。

また、手洗いやうがい、汗拭きを指示し、習慣づけましょう。暑いときには、汗をしっかり拭きとってから着替えることも覚えさせましょう。

では、良い汗を流して、楽しんでください。指導者やリーダーは、子どもたちに良い思い出をいっぱいもたせてあげてください。からだを動かして、心をしっかり育てることが大切です。

2　子どもたちが外で安全に遊ぶための工夫

どうすれば、子どもたちが犯罪に巻き込まれずに、安全に外で元気に遊ぶことができるのか、いくつかの案を紹介します。

子どもたちが戸外で安全に遊べるための工夫を、5つにわけて、まとめてみます。

1）　保護者の配慮

　①子どもたちのあそび場を見守る。

　②防犯と被害対策の教育をする。

　③子どもの居場所を把握しておく。

　④日頃から近所づきあいをする。

　⑤休日は子どもと遊ぶ。

⑥子どもとの間で安全上のルールをつくる。

2） 子どもたちの心得

①「いってきます」「ただいま」のあいさつをする。

②行き場所を伝えてから、あそびに行く。

③危険な場所を知っておく。

④一人で遊ばない。

⑤明るい場所で遊ぶ。

⑥人通りの多い所で遊ぶ。

⑦家族との約束事を守る。

3） 学校の配慮

①安全マップを作り、危険か所を子どもに教える。

②校庭を開放する。

③校庭の遊具を充実させる。

④地域や保護者と情報を交換する。

⑤仲間を思いやれる子どもを育てるために、道徳教育を充実させる。

⑥幼児と児童、生徒が関わり、互いを知る機会を作る。

4） 地域の方々の配慮

①買い物や散歩時などに、子どものあそび場に目を向ける。

② 110番の家を把握し、その存在を広める。

③子どもたちとのあそびのイベントを企画し、交流する。子どもたちが困っているときに手をさしのべられる関係づくりをしておく。

5） 行政の配慮

①子どもが遊べる公園は、交番や消防署など安全管理者の勤務地や大人の目が届く場所の近くに設置する。

②注意を呼びかけるポスターを作る。

③非常ベルや防犯カメラを公園や遊園地などの子どものあそび場の一角に設置し、安全を見守り、緊急保護をしやすくする。

④不審者の育たない国をつくる（教育に力を入れる）。

このように、保護者と子どもとの間で、外で遊ぶときのルールを決め、子どもたちが被害にあわないように予防策を話し合うことや、地域の方々との交流や大人の見守りにより、

子どもたちに安全な遊び場を提供していくことで、子どもたちが元気に外で遊ぶことができるでしょう。

第 10 章

幼児体育指導上の留意点

〔 原田健次 〕

実践編

　体育あそびの指導を実際に行うにあたり、指導者は、一人ひとりの子どものもっている力を最大限に発揮できるよう、様々なことに注意を払い、行わなくてはなりません。

　また、指導者は、こんな子どもを育てたいという「思い・願い」をしっかりともつことが大切です。具体的には、子ども自らが、主体的、自発的に取り組め、状況に応じて、自分で考え、判断し、行動することができる子どもを育てることです。

　そのために、指導者は、①指導を展開する上で配慮する点と、②子どもとのかかわりで配慮する点を理解し、実際の指導を行うことが大切です。

(1) 指導を展開する上で配慮する点

1）ルール理解のための展開

① キーワード　少人数　エンドレス（繰り返し）　簡単（段階的に）

② ルールやぶりができないルールづくりの工夫

③ ルールを守ることで「楽しく」なる経験

2）展開にメリハリをつける

① キーワード　静と動　Go and STOP　力合わせと競い合い

② 子どもの興味・関心・理解度に応じた「流れ」をつくることが大切です。

3）運動量をしっかりとる（子どもの力発揮）

　自分のしたいことを見つけて遊ぶことのできる環境を整え、思い切りからだを動かし、運動量をしっかりとる展開が大切です。

4）子どもの育ちに応じて「仲間づくりあそび」を展開

　仲間づくりあそびは、人とふれあいながら「力をあわせる（協力する）」「力を競い合う（競争する）」といった動きを行うことです。これは、自分の力を相手に伝えることで相手の力を感じ、同時に自分の力を感じることができます。その動きを通して、相手に対して、うまく自分の力をコントロール（力の調整力）することができるようになってきます。

5）習慣化されるまでくり返し、丁寧に指導

　子どもはくり返し体験を重ねることにより、一つひとつの行動が身につきます。ただし、くり返す場合は丁寧さが必要です。

6）安全に十分な配慮をする

　保育現場は「いのち」を育み、あずかるところです。気の緩みや錯覚、手抜き、憶測判断などによるヒューマンエラーをしないように心がけましょう。

7）楽しさに偏りのでない指導を行うことが大切
8）子どもが「知恵」を出せるような展開をする

　遊び込むことによって、子どもはいろいろなことに「気づき」「考えたり」「試したり」して遊ぶことができます。

(2) 子どもとのかかわりで配慮する点

1）子どもが興味・関心・意欲をもてるようなかかわり

　乳幼児が安全に生活するための基本的な能力は、主にあそびを通して、物や人とかかわる中で、試したり、夢中になったり、疑問をもったりする体験を通して培われていきます。

2）子ども理解

　大切なことは、まず乳幼児の実態を知り、子ども理解をすることです。乳幼児の行動特徴を理解することにより、事故発生の要因を予測したり対策を考えることが可能となります。

　① 身体面からみた特徴
　・頭部が大きく重いです。また、転倒、転落しやすいのは、重心が高いためです。
　・乳幼児期はからだの諸器官が未発達の段階にあり、脳の発達を含め神経機能の発達は、幼児期ですでに大人に近い形で発達するといわれています。そのため乳幼児期の運動は神経系を中心としたバランス・タイミングを取る動き、すばしっこさ・巧みさといった全身調整力の要素が多く含まれる運動あそびを行うことが大切です（神経機能の未分化から分化へ）。
　・視界が大人と異なります。とくに、自分の見えている範囲以外のことは認知しにくいものです。

　② 心の面からみた特徴
　・言葉での説明は理解していません。必ず「見本」をみせましょう。
　・子どもは興味のないことはしません。
　・子どもは危険を予知する能力が低いです。

　③ 行動面からみた特徴
　・子どもは見えないところ（ものかげ、すきま）で遊ぶことが好きです。
　・模倣あそびが好きで、主人公（ヒーローもの）になりきって遊びます。
　・興味をひきつけられると、行動が停止できなくなります。

■執筆者紹介

編集代表

前橋　明	（早稲田大学教授・医学博士）	（はじめに、序論、理論編第1章、第2章、第3章、第4章、第9章、実践編第3章、第4章、第7章、第8章、第9章）
田中　光	（流通経済大学教授）	（理論編第3章）
原田健次	（仙台大学教授）	（理論編第4章、実践編第6章、第10章）
本保恭子	（ノートルダム清心女子大学教授）	（理論編第5章）
生形直也	（すこやかキッズ体力研究会）	（理論編第6章）
浅川和美	（山梨大学教授・医科学博士）	（理論編第7章）
奥富庸一	（立正大学准教授）	（理論編第8章）
伊藤華野	（京都西山短期大学准教授）	（実践編第1章）
田中芳美	（流通経済大学非常勤講師）	（実践編第2章）
片岡正幸	（ピース・スポーツクラブ代表）	（実践編第3章）
佐野裕子	（仙台白百合女子大学准教授）	（実践編第5章）
森　博史	（岡山理科大学准教授）	（実践編第6章）

日本幼児体育学会認定　幼児体育指導員養成テキスト

幼児体育 ──理論と実践── ［中級］第2版

2008年8月25日　初　版第1刷発行
2018年4月1日　第2版第1刷発行

■編　　者──日本幼児体育学会
■発 行 者──佐藤　守
■発 行 所──株式会社大学教育出版
　　　　　　〒700-0953　岡山市西市855-4
　　　　　　電話(086)244-1268代　FAX(086)246-0294
■印刷製本──モリモト印刷㈱
■イラスト──宇野紀子・日名雅美・大森和枝
■装　　丁──林　雅子
■ＤＴＰ──ティーボーンデザイン事務所

© The Japanese Society of Physical Education of Young Children 2008, Printed in Japan
検印省略　　落丁・乱丁本はお取り替えいたします。
無断で本書の一部または全部を複写・複製することは禁じられています。

ISBN978-4-86429-499-7